個人力

やりたいことにわがままになるニューノーマルの働き方

澤円

プレジデント社

PROLOGUE

これからに求められる資質は「個人力」

本書は、「個人力」――つまり、強い「個」の力を手にして、楽しく満足できる人生を送るための考え方と具体的な方法を提案するものです。

「個人力」と聞いたとき、みなさんはどんな印象を持ちますか？　たったひとりで、社会の荒波を生き抜く力？　先の見えない時代を生きるためのサバイバル術？　そんな、いかめしいイメージを持ってしまう人もいるかもしれません。

たしかに、「個人力」を手に入れるには、少しばかり勇気が必要な場合もあります。なぜなら、「個人力」とは、世間や会社や学歴といった、所属する場所や特定の場合にしか通用しない「ものさし」に縛られずに、そこから自由に飛び出していくための力だからです。ときには、一歩を踏み出す勇気や、思いきった行動が必要になるときもあるでしょう。

ただ、この時点で断言できることがあります。それは、このようなことです。

「個人力」は、誰もがすでに持っている。

僕はこれから、すでにみなさんのなかにある「個」の力を存分に解放し、いまよりも充実した人生を送るべく方法を提案します。強い「個人力」があれば、人生はどんどん楽しく、また豊かになっていきます。とびっきり気持ちいい生き方が実現します。

「個人力」をひとことでまとめると、こんな力です。

「ありたい自分」のまま、人生を楽しんで生きていく力。

そして、これは間違いなく、これからの時代——ニューノーマル——に求められる資質です。

僕、澤円《さわまどか》は、いま最新のテクノロジーをベースに、様々なテーマのプレゼンテーションや講演を年約300回行っています。同時に、大学の客員教授やスタートアップ企業の顧問など複数の仕事を持ち、自ら主催するオンラインサロンや、ソーシャル経済メディア「NewsPicks」のプロピッカー、ボイスメディア「Voicy」のパーソナリティーをはじめ、複数のコミュニティーで活動しています。

このような複数の場所で多くの人と協働していることからもわかるように、僕は必ずしも、たったひとりで世の中をサバイバルしているわけではありません。むしろ、やっていることは逆かもしれない。ときに、僕は本気になって人に助けを求めます。そして、よろこんで人を応援し、多様な人たちとつながり合って生きています。

そう、「個人力」とは、決して社会を「ひとりで生き抜く力」ではありません。

「個人力」とは、多様な人たちと助け合いながら、楽しく生きていくための力。そして、その「個人力」を身につける過程は、本当に「ありたい自分」を確立していく過程そのものなのです。

本編では、まず序章で、「ありたい自分（Being）」を確立することがいま必要とされる背景と、それを探すための手がかりをお伝えします。

続く第1章では、「考える（Think）」ことを切り口に、「ありたい自分」を確立するための具体的な方法を紹介します。第2章では、仕事に焦点をあて、これからの時代に求められる「働き方」と、積極的な情報発信によって自らをよりよく「変化（Transform）」させていく方法を紹介しましょう。そして第3章では、「個人力」を持つ人たちが、ともに「協働する（Collaborate）」コミュニティーを軸に、「個」が幸せに生きるためのあり方を展望します。

いま、コロナショックを契機《けいき》に、時代が大きく変わりつつあるのを感じている人は多いと思います。世界同時にこれだけ大きな変化が起きたのは、インターネットが一般的に普及しはじめた1995年以来ではないでしょうか。このような大きく時代が変動するときに必要なのは、これまでの固定観念にとらわれた価値観や表面的な方法論ではなく、揺るぎないあなた自身の「本質」です。

あなたが本当にやりたいこと、それこそがあなたの「本質」。

自らの本質に出会い、充実した人生をつくるための旅へ、一緒に出かけましょう。

CONTENTS

第1章

Think あたりまえを疑う

——生きることは考えること——

039

第2章

Transform 常にアップデートする

——あなたはいつだって変わっていける——

087

第3章

Collaborate 「個」として協働する

――コミュニティー化が世界を救う――

序章

「ありたい自分」はどこに

――自らの「本質」を知る――

Being

「Being（ありたい自分）」は、以下の3つのキーワード「Think」「Transform」「Collaborate」の中心に位置するものです。「Being」こそが、あなたのすべてのスタート地点であり、いつでも立ち戻ってくる場所です。これからの時代は、「Being」の強度がポイントになると考えています。自分が憧れるものに対する思いの強さや、やりたいことへの情熱。そんな自分のなかから湧き出てくる感情に、もっともっと正直になっていいのです。

新型コロナウイルスで世界が同時にリセットされた

新型コロナウイルスの感染拡大の影響で、時代が大きく変わりつつあります。世界同時にこれだけ大きな変化が起きたのは、僕は1995年以来のことだと考えています。

1995年は「Windows95」がリリースされ、「インターネット時代元年」とも呼ばれた年でした。それまでもインターネットそのものはこの世にありましたが、インフラとしてのインターネットが急にメジャーな存在になったのです。

そのため、全世界の多くのITベンダーや製造業が、インターネットをインフラとして認識し、それまでの時代にはなかったものを次々とつくりはじめます。

インターネットの浸透によって、それまで先行していた企業のテクノロジーは一気に時代遅れになりました。なぜなら、それまでの最新のテクノロジーは、企業や研究所といった、消費者とまったく離れた場所にあったからです。

そのあと、誰もが簡単にインターネットに接続できるようになり、世界の景色は一変します。Microsoft、Apple、Google といった企業がデバイスやソフトウェアを安価にリリースし、結果的に消費者のほうが最新のテクノロジーにたくさん触れるようになっていきました。それはやがて、インターネット上で新たな経済圏を生み出していきます。

1995年を前後に、世界のあり方が大きく変わったのでした。

序章

「ありたい自分」はどこに

──自らの「本質」を知る──

Being

僕自身のキャリア形成にも、このインターネットの登場が関係しています。インターネットが世の中に出回りはじめると、当時のIT業界の常識が一気に崩れ去ります。そのおかげで、自称「ポンコツエンジニア」だった僕は、周回遅れの状態から、一気にインターネット黎明期《れいめいき》というみんなと同じスタートラインに立つことができた。ある意味、とてもラッキーな出来事でした。

インターネットは、ある分野において破壊的な影響を与えましたが、イノベーションを起こすためのインフラが整い、経済を大きく発展させたという意味では、ポジティブなイノベーションであり、世界全体における変革でした。

正確にいうと、インターネットはITインフラなので、インターネット自体には、別に世界を変える理由などなかったと表現するのが適切かもしれません。

変わったのは、人の「行動様式」です。

インターネットの登場は、人の行動様式や、経済活動のリズムやパターンを劇的に変えていきました。また、インターネットの可能性に触れたことで、既存のものごとを再評価したり、ビジネスチャンスを掴《つか》む嗅覚が磨かれたりするなど、人々の考え方やものの見方、すなわち「マインドセット」も変わっていきました。

インターネットによって変わったのは、そうした人間の振る舞いのほうだったのです。

そして、**いままさに、インターネット登場以来の大きなリセットが、世界同時にかかっています。**変化という点では共通するものの、今回は残念ながら位置づけがまったく異なります。なにしろ新型コロナウイルスがもたらすものは病気なので、ネガティブな事象による変化です。人の命を脅かすものであり、根本的にポジティブではありません。

また、本書執筆時の6月末時点では、人類はこのウイルスをまだ制御できていません。有効な治療法が確立されているわけでもなければ、完全な予防法もワクチンもない。人類が引き続き戦い続けるしかない敵だという、厳然たる事実を認識しつつある最中というところです。

しかも、世界中が大混乱した100年前のスペイン風邪と現代とでは、人々の時間や空間の概念がまったくちがいます。現代のように、あらゆるものや人がつながった世界は、空間的にものすごく小さくなっているし、ひとつの災厄《さいやく》が伝播《でんぱ》するスピードも圧倒的に早くなっています。

そんな状況のもとで、全世界にネガティブなリセットがかかってしまったのです。

■人間の「本質」があからさまになる

経済活動や様々な価値観に突然リセットがかかり、すさまじい制約を受けるなかで、見えない敵と戦わなければならない。そんな特異な状況において、人間が持つ本性があぶり出されやすくなっています。

これまであたりまえに過ごしてきた日常生活でも、家にいなければいけない時間が増え、結果的に自分と向き合う機会がかなり増えています。そんなときに、自分と向き合うのを避けてしまうとどうなるでしょうか？

「気にくわないこと」ばかりが目についてしまうのです。

たとえば、国や自治体が打ち出す政策が気にくわないとか、受けられるはずのサービスが受けられなくなってストレスが溜まるなど。あるいは、いまごろは楽しい旅行に行っていたのかもしれないと嘆《なげ》き、仕事でもっと成果を出していたのにと文句をいうような状態です。

それはそれで、ひとつの自然な感情かもしれませんが、ポジティブな感情かといえばそうではない。誰ひとり得はしないでしょう。なのに、そんな気持ちにどうしてもとらわれてしまう。

僕は、コロナショック後の世界――ニューノーマル――では、自分自身と「徹底的に向き合う」時間を持った人が、より成長し活動していけるのではないかと考えています。そういう人はきっと、こんなことを思える人です。

「いまが最悪にネガティブだからこそ、そこから回復し、さらに前へ進んでいけるという見方もできる」

人としてどう振る舞うのかという観点で見れば、ここからポジティブに変化していくことができるかもしれません。ウイルスそのものには、意図もなにもありませんよね？　ウイルスは「ただそこに存在しているだけ」であり、なにか悪だくみをしているわけではないのです。

だからこそ、**人がそれにどう付き合うのか「選択する」ことを迫られている。**

インターネットは、あくまでも人間が生み出したインフラでありひとつの基盤ですが、新型コロナウイルスはなにひとつ基盤になり得ません。ただ、それとの付き合い方が、人間に対して問われているだけです。

どのタイミングでいかに回復するのか？

どのように自らをアップデートしていくのか？

僕たち人間がすべてを考えなければいけないし、それがいま全人類に問われていることです。


もちろん、「ピンチはチャンスだ！」「こんな時代だからこそできることがある！」などと軽々しくいうつもりは毛頭ありません。そもそも命にかかわる話だし、本当に大変な思いをされている人がたくさんいるからです。

しかし、現実に時間は変わらず進み、人生も前へと続いていきます。だから、僕たちはとにかく「回復」する必要がある。そこにおいて、自分はどう考えるのか、どのように行動していくのか。

そんなことをあらためて愚直《ぐちょく》に、自分自身に問い直すしかありません。

外部の経済活動がどうなろうと、あるいは自分の仕事がどう変化しようと、自分という人間の本質は、基本的には、ある日突然変わることはありません。「いつもどおりの自分」が、この状況においてこれからどう「ありたい」か――。

まずは、自分としっかり向き合って、「本当にありたい自分ってなんだろう?」と、自分に問いかけてみてください。

そんな時間をたくさん持った人ほど、このあとの人生を豊かに楽しく生きることができるはずです。

■役に立たない「あたりまえ」がどんどんバレている

このように大きく変化する時代のなか、いま多くのビジネスパーソンが実感しているのは、「働き方」の変化ではないでしょうか。仕事におけるこれまでの常識や、「あたりまえ」とされていたものごとが、実はそれほど必要ではなかったことが見事にバレてしまっています。

わかりやすい例を挙げると、「出勤」はその最たるものです。

これまで実に多くの人が、当然のように満員電車に揺られて出勤していましたが、今回の出来事によって、「会社に行く=仕事をする」ことではないのがはっきりしました。

なにしろ会社に行かなくてもいいのだから、会社に行くだけで仕事をした気になっていた人は、「自分はただ〝通《かよ》って〟いただけなのかもしれない……」と気づき、もう自分に嘘をつけなくなっているはずです。

そこまででなくても、自分が会社に対して提供できる価値と、通勤という行動がまったくリンクしていなかったことに気づいた人もいるでしょう。要するに、どこで働こうとも大きな価値は生み出せるわけです。

もっといえば、今後あらゆるビジネスが厳しい局面に置かれ、経営の舵取りがむずかしくなっていきます。これを逆から見ると、経営陣は、十分な価値を提供できない従業員を切り捨てる免罪符《めんざいふ》を手にしている状態にある。

新型コロナウイルスという〝免罪符〟を──。

企業の存続を考えると（そして、それは企業の最優先事項です）、致し方ない事業縮小や人員整理はこれから増えていくと見られます。でも、なかには「それ、コロナと関係ないよね……？」というようなリストラなどが行われる可能性もある。

そんなとき、どんな人が切り捨てられるのかといえば、先述した「会社に行くだけで仕事をしている気になっていた」人たちです。

もちろん一概にはいえませんが、そんな人たちの多くは、年功序列で立場だけ上になったものの、実務でほとんど貢献ができていない中高年層に多いと見ています。たとえば、子会社に「栄転」し、もはや会社に対して価値を生み出していないのに、給料を「当然の権利であるかのように」得ている役員などはまさにその典型例です。

しかし、こんな見方もできます。そんな人たちが今後淘汰《とうた》されていくのならば、若い人たちにとっては、ようやくチャンスが多い時代になるともいえるのではないでしょうか。

強い「個」がこれからの時代をつくる

僕は、新型コロナウイルスが終息したところで、これまでの働き方が元どおりになることはないし、そうする必要もないと思っています。

時代がもう元には戻らないのに、以前と変わらず、他人が決めたやり方に従うような働き方を選ぶのか。あるいは、自分で新しい働き方や生き方を模索していくのか。それは、まさに自分の選択次第になっていきます。

問われるのは、「個」としてなにができ、なにを選ぶのかということ。

今後、会社は個人を守れない状態になっていきます。もちろん、オフィスに出勤せずとも自分をコントロールでき、仕事がバリバリできて、大きな利益をはじき出せる人は別です。でも、それ以外の人に対して、営利を第一に追求する会社がいつまでも守りきれるわけがありません。

そんな**組織に寄りかかって生きている人たちは、残念ながら会社という枠がなければ自分の価値を測れない状態になっています。**僕がこれまでにもあちこちでいっている、「外のものさし」を持っておらず、所属する「会社のものさし」でしか、自分の能力を測れない状態になってしまっているのです。

「個」として生きるということは、いわば信念を持って生きる姿勢にほかなりません。

でも、多くの人はその信念を持ちづらくなってしまっている。

それには、活動の機会やビジネスの接点に触れる機会が、むかしに比べて格段に増えて、膨大な情報に振り回されていることも関係していると見ています。

たとえば、かつては家を出てから会社に着くまでのあいだに、自分が勤める会社の情報に触れる機会はほとんどありませんでした。強いていえば、自社がなにかものすごいことを発表して朝刊にでも載れば触れることができたかもしれません。それでも、基本は紙媒体のみという状態です。

でも、いまはどうでしょうか？　朝起きた瞬間から同僚が発信するメールやチャットに簡単にアクセスできるし、会社に関する情報はＳＮＳにあふれています。そんな情報すべてに反応していたら、まったくもって時間が足りません。「自分の会社に関する情報」と限定しても、触れなければいけない情報や機会が多過ぎます。

そうなると、情報や機会をいかに絞っていくのかがとても大切な要素になります。すべてに時間を割りあてていたら、自分のために使う時間が減ってしまう。それをフィルタリングして、自分自身といかに向き合うか──。

あえて生々しい言い方をすれば、外側に膨大な情報があるということは、〝自分を蝕《むしば》む〝もの〟がそれだけ存在するということです。だからこそ、自分でうまくコントロールできる状態にすることが求められるのです。

もっといえば、僕は既存の組織というものは、もはや足枷《あしかせ》にしかならないのではないかと感じるときすらあります。なぜなら、上意下達《じょういかたつ》や報告・連絡などに代表されるように、組織であることはすべての判断が遅くなる要因になっているからです。

だからこそ、より一層、「個」という地点からはじめなければならない。「個」というと、少し抽象的に感じる人もいるかもしれませんが、シンプルに考えてみてください。

いま自分に付随している学歴や会社名や肩書きなどをすべて取り払った先に残る、本当の自分――僕は、それを「Being（ありたい自分）」と表現しています。

誰かから与えられたものではなく、自分のなかから強く湧き出てくるもの。

すべての人が、いまこそ「個」に立ち戻らなければならないと思います。

キーワードは「Being（ありたい自分）」

僕は、これからの時代は、「Being（ありたい自分）」の強度がポイントになると考えています。

「Being」とは、なにか困難にぶつかったり決断を迫られたりしたときに、究極の基準となるものです。自分のありたい姿を言葉にしておくことで、立ち戻って考えることができるようになります。その言葉がある限り、生きることに迷いがなくなると思っています。

それこそ、自分が憧れるものに対する思いの強さや、やりたいことへの情熱。そんな自分のなかから湧き出てくる感情に、もっともっと正直になっていいのです。

誰に遠慮する必要もありません。とりあえずは自分の頭のなかだけでも、自分の好き勝手にできるではありませんか。

冒頭で、僕がキャリアを築くうえでラッキーだったこととして、インターネットの登場を挙げました。当時は「文系ＳＥ」と揶揄《やゆ》されたものですが、自称「ポンコツエンジニア」だった僕のキャリアのすべてを、インターネットの登場が変えてくれました。

では、そもそもコンピューターの基本の基もわからなかった新卒学生が、なぜ理系バリバリの業界に飛び込んだのか？

それは、「Being（ありたい自分）」があったから。

僕には、当時憧れている人物がいました。それが、映画『００７』シリーズに登場するＱと、映画『バットマン』の主人公が住む家にいた執事アルフレッド・ペニーワースです。

「ふたりともフィクションじゃないの！」

そういわれるかもしれない。でも、彼らは凄腕エンジニアなのです。あのバットマンの愛車である「バットモービル」は、実はアルフレッドがつくったもの。そんな人物を観た学生時代の僕は、心底単純にこう思ったわけです。

なんだかかっこいいな！

僕のキャリアのすべては、この「Being（ありたい自分）」のイメージからスタートをきりました。

「アルフレッドがいなかったら、絶対バットマンはすぐやられたはずだよね」

そう考えると、バットマンにとって、いや世界にとって、アルフレッドのほうがよほど重要な存在じゃないかな？　そう思ったのです。

そして、そこから自分について掘り下げていくと、「たとえ目立たなくても重要な役割を果たし、世の中に貢献する人」が好きだということに気づきました。彼らがいたからこそ、「主人公たち」が活躍できた。なぜなら、おそらく彼らのほうが、主人公たちよりも多くの知識を有し、ものごとの本質を理解していたからです。

「本質」を理解しているからこそ、先回りをしてとんでもない道具をつくり、優れた戦略を立案することができる。

僕は、実在の人物でも、豊臣秀吉《とよとみひでよし》の戦略的コンサルタントだった千利休《せんのりきゅう》や、ジョージ・W・ブッシュ政権のパウエル国務長官といった、ときの権力者に影響を与えたバイプレーヤーに心を惹《ひ》かれます。

だからといって、ジェームズ・ボンドや秀吉がダメだといっているわけではありません。ときの権力者やリーダーといった「主人公」には、また別のたぐいまれな資質が必要です。ただ僕は、ものごとの本質的なメカニズムに知悉《ちしつ》している人に憧れがあるのでしょう。

そんな人物がとても好きだし、憧れの人物に近づけるなら、自分が主役である必要なんてさらさらないと思っています。

■金脈は自分のなかにある

ここまで、僕が「Being（ありたい自分）」を見つけたときのイメージをお伝えしました。

おわかりでしょうか？　それは、決してむずかしく考えるものではないということです。「個」を研ぎ澄ませるというのは、自分と真剣に向き合うなかで、自ずと見出せるものなのです。

ちょっと悪い表現に聞こえますが、より一層、自分中心に考えればいいのです。

もっと、「自己中」になる。

僕は、世の中でイノベーターと呼ばれるような人たちが、瞑想《めいそう》やヨガやマインドフルネスを実践したり、それこそスティーブ・ジョブズが禅を研究したりしていたことは、結局のところ、常に「Being（ありたい自分）」であろうとしていたからだと感じます。つまり、自分と真剣に向き合い、「個」を研ぎ澄ませていなければ、真にイノベーティブな仕事はできないと直観していたのでしょう。

また、たとえ大きな成功を得たとしても、それによって自分を見失いかねないという危機感を常に持っていたと推測します。だからこそ、精神的な営みを通じて、常に自分を見つめ続ける必要があったのだと思うのです。

さて、「Being（ありたい自分）」と聞くと、人によっては、平成時代にブームになった「自分探しの旅」を思い起こすかもしれません。たしかに、自分探しの旅と、「Being（ありたい自分）」の探求は似ている側面があります。

ただ、僕がよくいうのは、「旅に出てどうするの？」ということ。

あなたはあなたの外にいるのではなく、すでにここにあると気づく必要があります。他者やまわりの世界に対して、「Being（ありたい自分）」の答えを求める姿勢では、大きく道を誤ってしまいます。

一方で、「Being（ありたい自分）」を多くの人に伝えるための手段や道具を、外に求めるのはありです。**自分という金脈が、自分自身のなかに埋まっているのははっきりしています。**必要なのは「掘り出す道具」です。金脈そのものではなく、掘り出す道具を探しに行くのはどんどんやってみましょう。

自分の金脈は、どこかで掘りあてるものではありません。なぜなら、自分のなかに必ずあるものだから。そこにあるのだから、やみくもに掘らなくていい。

もっといえば、そこにあると信じたり、疑ったりする必要すらありません。なぜなら、自分のなかに必ずあるからです。

必要なのは、それを掘り出す勇気を持つこと――。

掘るための道具を調達するとは、ほかの人の言葉やアイデアを借りることかもしれないし、自らが行動して自分なりの確証を得ることかもしれません。

大切なのは、自分という金脈を掘り出すためにやっていると自覚すること。

自分探しをして、なんとなく金脈を見つけようという姿勢では、本当の金脈にはたどり着けないでしょう。あるいは、探したつもりで終わってしまうかもしれない。
自分の金脈を掘るのはそれなりに労力がかかるので、その労を惜しむと、結局は他人から与えられた「金脈らしきもの」に騙《だま》されやすくなります。それこそ、「わたしはこれが得意だとみんなからいわれるから、もうこれでいいかな」というように。でも、残念ながら、他人から与えられたものに本物の金は絶対に混じってはいません。
金脈を掘る作業を手伝ってもらうのはいいのですが、掘り出す作業はあくまでも自分でやる。自分のなかにある様々な体験や感情や考え方など、自分をかたちづくっているものを、他人と一緒に探す必要はありません。

僕もまた、みなさんの「Being（ありたい自分）」そのものを探すことについては、お手伝いすることはできないのです。

「Being（ありたい自分）」を中心としたサイクル

いずれにせよ、これからの時代は、まず自分発信でものごとを考えていく姿勢がより重要になるでしょう。「個」というものを研ぎ澄ませると、自分の価値観が明確になり、そんな「個」同士がお互いの価値観を尊重しながら、有機的につながって動き、働いていく――。そんな状態が、クリエイティブで楽しい社会をつくるうえで絶対条件になると見ています。

「個」それぞれが、誰かになにかを期待して待つのではなく、まわりをネガティブな場所に押しやるのでもなく行動すれば、大きな危機からの回復もスピーディーになるはず。経験に学ぶことで、今後、周期的に起こる可能性が高い感染症や自然災害などの脅威にさらされても、より早く回復できるのではないでしょうか。

いま実際に、僕たちは日常生活やビジネスで大きな制限を受けており、移動手段だけを見ても、もしかしたらあの大航海時代よりも少し前の時代に近いかもしれない。大航海時代以前は遠洋をわたる方法が少なく、異文化と交流しづらい状態が長らく続きました。物理的に移動しづらいという意味では、いまはその時代に逆戻りしていると見ることもできそうです。

ただし、当時と大きくちがうのが、全世界がデータでつながっていることです。物理的な行動が制限されても、僕たちはあらゆる手段を使って情報を入手することができます。

そして、「知る」ことこそが、自分のありように影響を与えていく。

脳に情報や知識をインプットする行為は、自我に対して大きな影響を与えます。知識や情報を「どのように処理していくのか」が、僕たちにとってとても重要な要素になっているのです。また、知的な体験をいかにして確保していくのか。僕たちは、**いまこそ「知る」ことの質を上げることに注力しなければなりません。**

環境を変えられないなら、自分のありようを変えていけばいい。

自分のありようというものは、外的な要素だけで変わるものではありません。極端にいえば、脳のなかだけは自分でいかようにも変えられます。そして、自分のありようをよりよいものへと変えていくのは、まさに「Being（ありたい自分）」で生きることにほかなりません。だからこそ、いま必要なことはこれです。

「わたしはこうありたい」と自分で自分を定義すること。

結局のところ、ネガティブな外因に対して、ずっと対応し続ける人生を送るのはあまりにつまらないし、まったく楽しくもない。そこで、**いま生きているなかでなにか不自由を感じている人は、ぜひ「かつて自分が自由を感じて生きた場所はどこだっただろう？」と内省してみてください。**

そんな記憶をたどっていくと、すぐには快適に生きられなかったとしても、やがて自由を感じられる場所にたどり着ける可能性が高まります。「本当に自分の心が解放

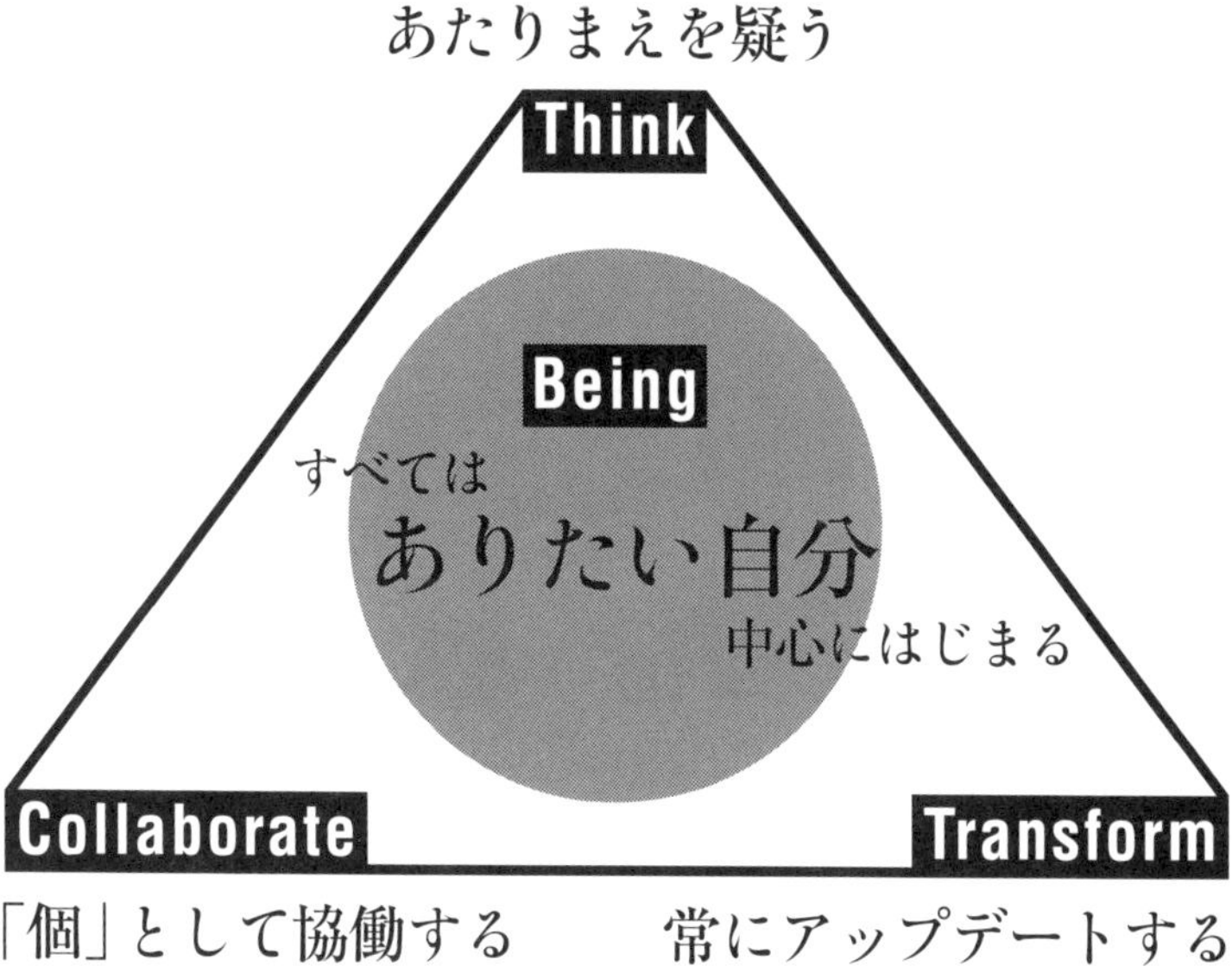

される場所」を、あらためて再定義しておきましょう。

本書では、「Being（ありたい自分）」を中心のコンセプトにして、先の見えない時代のなかで、自分が本当に幸せを感じられる充実した人生のつくり方について、３つのアングルから紹介していきます。

「Being（ありたい自分）」は、上の図のサイクルにおける中心に位置します。「Being（ありたい自分）」こそが、あなたのすべてのスタート地点。

そして、あなたがいつでも立ち戻ってくる場所となるでしょう。

Think——あたりまえを疑う

第1章では、「Think（考えること）」の大切さについて書きます。僕は、考えることは、生きることとほぼ同じくらい重要だととらえています。

いまコロナショックによって、これまで常識とされていたものが崩れ去りました。いつもの電車に乗れなくて会社に行けない、いつもの店でランチが食べられない……。これまでの常識が、実はかなり脆弱《ぜいじゃく》な基盤の上に成り立っていた事実があからさまになりました。

考えることは、そんな自分の頭のなかにある「あたりまえ」を疑う態度にもつながっています。

Transform——あなたはいつだって変わっていける

第2章では、仕事や働き方をテーマに、積極的な情報発信によって自分をよりよく「Transform（変化）」させる方法について書きます。

現在のような、ネガティブな要素が強くなってしまった状況において大切なのは、社会や技術やまわりの環境が変わるのを座して待つのではなく、まず自分の考え方や振る舞いを変えていくことにあります。ピンチを自分のための機会にして、自らを変化させることにどれだけ本気で取り組めるか。そんな姿勢こそが、「個」の生き方の明暗を分けるでしょう。

かくいう僕も、いまのような働き方をしはじめたのはすべて40代になってからです。だからこそ、僕は大きな声で「あなたはいつだって変わっていける」と伝えたい。

Collaborate——「個」がつながり未来をつくる

第3章では、それぞれが「個」を確立する過程において、「個」同士がつながり合い、ともに「Collaborate（協働）」するための力について書きます。

コミュニケーションにフォーカスすると、これまでは会社などに特化したコミュニケーションが重視されてきました。しかし、今後はみなさんがプライベートで行っているような、ともに手助けや応援をしながら、「個」が有機的につながり合うコミュニケーションのスタイルが主流になるはずです。

そんな多様なコミュニケーションが行われる場所に、「個」として参加し、幸せで満足できる人生をつくるための手がかりをともに探っていきましょう。

第1章

あたりまえを疑う

——生きることは考えること——

Think

考えることは、生きることとほぼ同じくらい重要だととらえています。いまコロナショックによって、これまで「あたりまえ」とされていた常識が崩れ去りました。これまでの常識が、実はかなり脆弱な基盤の上に成り立っていた事実があからさまになったのです。考えることは、そんな自分の頭のなかにある「あたりまえ」を疑う態度にもつながっています。

■「考える」のは誰か？

第1章では、「Being（ありたい自分）」を中心とするサイクルのひとつ目の要素、「Think（考える）」ことについて書きます。「Think」のプロセスを徹底することで、「Being（ありたい自分）」は、より明確になっていくでしょう。

まず僕は、**自分の頭で考えるという行為は、自分の人生を生きることと同義**だととらえています。なぜなら、「わたしはこう思う」「わたしはこう考える」と決断して行動しなければ、人はいつの間にか自分自身に嘘をつくような行動をしてしまうからです。

つまり、自分の頭で考えなければ、自分の人生を生きるのはむずかしくなってしまう。そこで、なにかを考えるときは、すべてにおいてこの思考の型をクセにしてほしいと思います。

「わたし」を主語にする。

「わたしは〜」と主語で考える機会を、これから劇的に増やしていってほしいのです。

たとえば、会社員として仕事をしていると、同僚や取引先の人に対して、「うちの部では〜」「当社の製品は〜」と話すときが多いですよね。

もちろん、仕事に限らず、日常生活においても、「うちらは〜」「うちの地域では〜」と話す場合もあることでしょう。

それらをすべて、「わたしは〜」にするのです。

常に、ひとこと目に「わたしはこう思う」というクセをつけてください。誰に遠慮する必要もありません。クセになるくらいなので、最初はひたすら意識的に言い続けるくらいがいいでしょう。

そうしていると、ときに自分の考えのヌケ・モレや、論理的に筋がとおらないと感じる部分がきっと出てくるはず。でも、そんな部分はそこで改善していけばいいし、いくらでもまわりに「教えて」といえば、生きていくうえで重要な情報を集めることができます。

ですから、「わたしは〜」で考えるときには、知らないことを素直に受け入れ、それを正直に口に出すことも大切です。

「わたしはこれを知りません」「わたしにはこれがわかりません」

このようにして、自分は知らないと公言する勇気を持つのです。日本にはむかしから恥の文化があり、「知らない」「わからない」といいづらい雰囲気があります。

また、ありがちなのが、上司からの「おまえそんなことも知らないの?」というマウンティングです。でも、そんな言葉を平気で口に出せる人で、仕事ができる人に僕は会ったことがありません。

そんなことよりも、みんなが年齢や立場などに関係なく、「それ知らない。なに?」「教えて」と素直にいえる雰囲気があれば、お互いにもっと情報や価値の交換がしやすくなると思いませんか?

「わたしはこう考える」「わたしはこれを知らない」というふたつの言葉に共通しているのは、いずれも「自分発信」だということ。また、「知らない」と公言するのは、自己開示にもつながります。

自分が知らないことを開示すると、相手に隙を見せることになります。そのため、弱みを見せまいとする人が多いのですが、コミュニケーションは「隙を見せたら負け」のスポーツの試合やゲームではありません。

隙を見せることで、人を惹きつけることができる。

人が垣間見せる隙こそが、案外その人の魅力になったりします。それに、「わからない」といって隙を見せると、頼られたほうはちょっとうれしくなって、いろいろと教えてくれるものです。

欠点に惹きつけられるように、いろいろな情報が集まってくる。

むしろ、「知らない」「わからない」と口にする人のほうが、正解のないこれからの時代を生き抜いていく可能性は高くなるでしょう。「わたしはこう考える」「わたしはこれを知らない」という言葉を常にセットで使っていると、情報や知識に自動的にアップデートがかかっていくのです。

自分の「本質」は自分で勝手に決めていい

「わたし」を主語にして考えるクセがつくと、自分の「本質」に近づいていきます。

「わたしはなぜこれが好きなのだろう？」
「わたしはなぜそれを知りたいのだろう？」

そう自分に問いかけるごとに、「Being（ありたい自分）」がはっきりしていくからです。あたりまえですが、自分の本質というものは、なにかの本に載っていたり誰かに教えてもらったりするものではありません。そもそも、客観的事実としてどこかにあるものでもない。

そうではなく、あくまで自分で定義し、自分で言語化するものです。

自分で勝手に定義していいし、誰かの許可を得る必要もない。

そんな自分の本質は、状況や環境の変化によって変わる場合もあります。いくら自分の本質だといっても、「自分軸がブレたら絶対ダメだ」といってこだわってばかりいれば、ただ意固地《いこじ》なだけになってしまいます。

ここで僕が伝えたいのは、本質を変えていくのも自分だし、見つけるためのヒントを他人からもらうのも自分だということ。

自分の本質を見つける権利は、あくまで自分だけのものであり、見つける責任があるのも自分だけなのです。

ほかの人からよくいわれる「あなたってこういう人だよね」という意見にも、振り回される必要などありません。そうして枠にはめたがる人が世の中にはたくさんいますが、そんな他人の決めつけに振り回されないことはとても大切です。

たとえまわりからそういわれても、「自分はこうありたい」という思いがあり、そっちのほうが大事なものと感じるなら、自分の本質として勝手に認めてしまえばいいのです。

そこで手はじめに、会社の上司や友人など外部から受けている評価基準を、いちどすっぱりと忘れてしまいましょう。


「自分はどうあるのがいちばん満足できるのか」

「のちに人生を振り返ったとき、どうすれば後悔しないのか」


「わたし」を主語にして、そんな自分の働き方や生き方をじっくり見つめてほしいと思います。そのうえで、自己満足できる人生を歩むために、「自分になにができるのか」「なにをしたいのか」という部分での考えを深め、細かく分析してみてください。

繰り返しになりますが、大事なのは、どんなことも「自分で決めて考える」ことにあります。

それこそが、「Think（考えること）」という行為であり、自分の人生を生き抜く姿勢です。

■他人の人生を生きてはならない

自分の本質を探るときに、つい力が入り過ぎて「生まれたからにはなにかをなさねばならない」とか、「なにか功績を残さなければ生まれた意味がない」というように、本質を探す方向性を間違えてしまう人が意外といます。

でも、これはまったく不必要な考え方です。自分の本質に対し、外部から「認められたい」という視点が入り込むから、肩書きや学歴といった他人がつくり出すものにこだわってしまうのです。

このように、外部からの「評価」を得ることを生きる目標に据えて、さらに「本当の自分」はそこにないとなると、幸せな状態からは程遠いといえるでしょう。

なぜなら、それは他人の人生を生きているから。

そうではなく、自分の本質はもっと抽象度の高い類のもので構わないのです。自分が「こうありたい」と思うことを前提にイメージし、そのうえで他者からの「評価」

ではなく、「認識」が一致していればそれはもう理想的ではありませんか。
そんな本質を見つけるためにも、さらに自分に問いかけ続けてください。

自分が「こうありたい」と思う姿は、他人からいわれてもうれしいものか？

自分の本質をはっきりと定義できれば、そのあとは、生きているなかで発する言葉や、行動、振る舞いに自然と表現されていくはずです。

自分のなかから湧き出る「なにか」を言葉にする

僕は、最終的にみなさんに、「わたしはこんなかたちで世の中に貢献できる」というふうに、いつなんどき誰かに問われても、はっきりと答えられるようになってほしいと願っています。

「Being（ありたい自分）」を言葉にする。

そのための準備として、自分が情熱を持って取り組めるものや、理由はわからないけれど「いつまでもできる」こと、自分のなかから湧き出てくるような「なにか」があれば、「自分の言葉」でていねいに紡《つむ》ぎ出してみてください。

好きで仕方がないことがあれば、なぜ好きなのかを自分に対して説明可能な状態にしておくのです。すると、自分の本質とまわりからの認識のあいだにギャップが生まれづらくなり、より幸せな状態をつくりやすくなります。

それはきっと、あなたが満足できる人生を生きるための原動力となるでしょう。

もし、いまの時点でとくに好きなものや、のめり込むものがない人は、片っ端からなんでもやってみるという手もあります。

若い世代の人たちから就職活動やキャリア構築の悩みを聞いていると、「やりたいことがない」という悩みをよく耳にします。そんなとき僕は、なんでもいいから好きな人や憧れる人、「こうなってみたい」と感じる人をベースにこれからの自分を描いてみようと提案します。

僕のように、映画や漫画のキャラクターでもいい。なんでもいいので、自分が惹かれる人を見つけて分析してみましょう。その人物をばらばらに分解し、そのなかのどんな要素に自分は惹かれているのかを見つけたうえで、言葉にしていくアプローチをすすめています。

子どもの頃になりたかった職業を思い出してみてもいいですね。ただ思い出すだけでなく、そのなかのどんな要素に強烈に惹かれていたのかを探り、さらに「言語化」し、他人に対して説明できる状態にするのです。そこに意外と、自分の本質のようなもののヒントが隠されていることもあります。

なぜ多くの人が、人生において不安にとらわれたり、自信を失ったり、やりたいことを見失ったりしてしまうのでしょうか？

それは、**自分の本質を「言語化」できていないから。**

そのため、自分が立ち戻る場所が頻繁《ひんぱん》に変わってしまったり、「Being（ありたい自分）」のイメージが曖昧《あいまい》になってしまったりして、毎日をぼんやりと生きてしまうのです。

「状況」にとらわれると文句しか出てこない

いま多くの人が、自分が「生きる意味」や命の価値などについて、それぞれ思いを巡らせているのではないでしょうか。自分はいまこの瞬間、なんのために生きているのか──コロナショックは、そのことを再認識する機会となりました。

新型コロナウイルスの感染が世界中に広まりはじめた当時、海外にいて帰国できなくなった日本人がたくさんいました。大切な家族や友人と会えなくなり、その状況をネガティブにとらえ悩んだ人もいたことでしょう。

一方、そこで自分と周囲の関係性を見直して、自分がなんのために生きているのかがあきらかになった人もいたはずです。

下手をすると、家族が感染して入院し重症化したら、二度と会えない状態にもなりかねません。そんな状況に置かれてはじめて、「自分はなにをおいても家族と一緒にいたかったんだ」という価値に気づくのかもしれない。
命に対するとらえ方、人生に対する考え方が、それぞれの立場であきらかになったのかもしれません。それまでは、できるだけ稼いでがんばって生きていこうと必死になって走り続け、「なんのために生きているのか？」なんて、真剣に突きつけられたことがなかった……そんな人も少なくないのではないか、と想像していました。

そんな状態に置かれたときに、自分が本当に生きる意味に至る人もいれば、自分が置かれた「状況」にしか目がいかなくなってしまった人もたくさんいました。

「会社に行けないんじゃや、仕事にならない」
「マスクの値段がすごく高いけれど、買いだめしておこう」
「早く給料を補償してくれよ」

生まれながらの家庭環境をはじめ、致し方ない状況から苦境におちいった人たちは、もちろん別です。社会はそんな人たちに対してこそ、素早く手を差し伸べる必要があるでしょう。

でも、さほど痛手を受けていないのに、目の前の状況しか見えない人は、厳しい言い方をすれば、おそらく一生、目の前の状況だけを気にして生きていくのでしょう。

そんな人たちは、どんな出来事が起こっても「Being（ありたい自分）」に気づくことはできないのかもしれない。自分の本質に通じるアンテナがしっかり立っていないので、なにか思ってもみなかったことが起これば、文句しか出てこないのです。**考えることを放棄し過ぎていて、考える力が完全に失われている**といっていいかもしれません。

この本のタイトルが気になり、実際に手に取っていただいたということは、みなさんは状況だけに振り回されず、自分の内面へと目を向けられる力を持った人だと思います。

そして、そんな自分のうちにひそむ、揺るぎない内面の力に気づく人ほど、これからの時代に大きな価値を発揮していけると考えています。

■外部の仕組みにアイデンティティーを置かない

みなさんのなかには、ビジネスパーソンとして会社や組織で働く人が多いと思います。ふだん忙しく働いているそんなみなさんが、ふとしたときに「あれ？」となることがあるはずです。

「いまやっていることは、ありたい自分とずれているかも？」

これは語弊がある言い方かもしれませんが、正直なところ、会社の仕事なんて「そんなもの」なのです。

なぜなら、会社――とりわけ大企業では、組織全体が巨大なひとつの仕組みになっているため、与えられたポジションと自己表現できる場所が完全にマッチするということは、ほとんどあり得ないからです。そう簡単にやりたいことのバトンは回ってこないし、仮にそのバトンが回ってくるとしたら、それまでいかに成果を上げ続けてきたかによるでしょう。

会社のなかに自分がやりたい仕事があり、自分にふさわしい能力があるとアピールでき、なおかつ周囲からも認知・評価されていれば、そんな場所が回ってくるかもしれない。しかしそれは、かなり〝小さな確率〟です。

でも、僕はこう考えます。社内での根回しも含め、そんなことに大きな労力をかけることに果たしてどれだけの価値があるのか？　と。そこをいちど見直したほうがいいのではないでしょうか。

理由は明白です。いわゆる、安定しているとされる大企業や、「100年企業」といわれるような老舗《しにせ》が、目に見えないウイルスによって甚大《じんだい》なダメージを受けています。たとえ倒産しなくても、不安定になっていることは疑いようがなく、実際にどこまで存続できるのか誰にもわからないからです。それでもまだ、あなたは〝小さな確率〟にしがみつきますか？

それこそ、インターネットというイノベーションによってデジタル・ディスラプター（おもに既存の競争原理を破壊するほどの威力を持つ事業を展開するスタートアップ企業）の数が爆発的に増えたことで、打撃を受けたビジネスはたくさんありました。

わかりやすいところで見ると、Amazonの出現によって、膨大な数の小売店や百貨店が大きなダメージを受けましたよね？　それはもう、誰の目から見てもあきらかなほどに。

でも、完全なるトドメを刺したのはコロナショックでした。もともと受けていたダメージがボディブローのように効いていたタイミングで、新型コロナウイルスが突如出現し、いま海外では大手百貨店や有名小売ブランドなどが次々と倒産しています。

それは、なぜでしょうか？

変化に対応できなかったから。

巨大な仕組みをつくり上げ、その仕組みのなかでビジネスを回すことができる大資本が動いていたのに、たったいちど社会インフラにダメージを与える出来事が生じただけで終焉《しゅうえん》を迎えてしまった。

つまり、いままでの仕組みに依存し過ぎることの大きなリスクに、多くの人が気づいてしまったのです。

そんなときなのに、大きな仕組みのなかにいる自分にアイデンティティーを置いてしまうと、仮に会社が傾けば、途端に自分のアイデンティティーも失われてしまうことになります。

会社の仕組みに組み込まれて働いている感覚が強ければ、ぜひこうとらえ直してみてください。

自分と会社は、まったく別個の存在なのだ。

これは、意外と多くの人が持ち得ていない感覚です。口では「いやいや、ちがうよ。俺と会社はまったくの別のものだよ」というものの、実際は無意識のうちに、会社という存在が「個」のアイデンティティーの領域を侵食してしまっています。

でも、自分のありたい姿と、所属する組織の仕組みにギャップがあり、それがしんどかったり、合わせることを強要されたりしていると感じたら、大げさではなく一刻も早く逃げ出すことをおすすめします。

同調圧力からは、逃げていいのです。だって、会社の業績が悪くなった途端に自分ごと消えてしまったら、いちばん打撃を受けるのは自分自身なのだから。

■体が抱く「違和感」に正直になる

自分の働き方や生き方に対して、「なぜなのだろう？」「どうすればいいのだろう？」と問いかける。そこで抱く「違和感」について、日頃からきちんと向き合う。同時に、そこで生まれた疑問を、自分なりに言語化しておくことが肝要です。すると、新たな行動に移りやすくなります。

これは先に書いた、自分の憧れを深掘りするのとは逆の、「違和感」という自分の体が嫌だと感じることに耳を傾けるアプローチです。

「この仕事にはちょっと違和感があるな」
「ちょっとこの人は苦手かも」
「どうしてあの人の話は頭に入ってこないのだろう？」

そんな自分の違和感に対して正直になることも、これからの時代に問われるスキルのひとつです。

たとえば、営業の仕事をしていて、その仕事がいまいち好きになれないとしましょう。でも、それは客先でうまく話せないのが嫌なのか、資料づくりが嫌なのか、根回しなどの社内コミュニケーションが嫌なのか……理由はいろいろあるはずです。

そんな、自分がいま抱《いだ》いている違和感を細かく分析していくと、「この部分が嫌なんだな」と気づくことができます。そして、それら分解した要素はすべて自分の「行動」に関するものです。

自分の「行動」に違和感を抱くのは、「Being（ありたい自分）」と離れているから。

「Being（ありたい自分）」に沿った「行動」であれば、たとえハードワークでも楽しかったり夢中になれたりするものです。でも、すごく違和感があったり嫌だったりするのは、まぎれもなく「Being（ありたい自分）」から乖離《かいり》しているから。

だから、**常に「Being（ありたい自分）」をイメージすること。**

自分のイメージとちがう行動をしたときに、人間の体は違和感を抱くようにできています。そんな体のアンテナの反応に正直であることが、とても大切。アラートが鳴っているにもかかわらず、無視したり抑え込んだりしていると、結局、自分自身にダメージが蓄積していきます。

長く同じ組織や価値観のなかで働いていると、どこかでアラートが鳴っているのに、それを解決するための行動ができないという人もいます。でも、少しでも自分が違和感を抱いているのなら、その自分の気持ちに忠実であるほうがいい。

結局のところ、違和感を抱きながら行動していると、結果がうまくいってもどことなく気分はよくないものだし、自分のなかに学びもあまり残りません。逆に、自分の気持ちに正直に行動していれば、たとえ結果が思うようにいかなくても自分のなかに次につながる学びの種が残るものです。

体が抱く違和感を大切にしたほうが、きっと幸せな人生を送ることができるはずです。

■自分を正しく評価できれば不安を手放せる

違和感とともに、「不安」を抱くことも、自分にとっていい機会としてとらえることができます。なぜなら、不安を抱くことは、少なくとも自分のアンテナになにかが引っかかり、同じくアラートが鳴っている状態だからです。

「考える」ための手がかりが発生している。

そうとらえるとよいでしょう。人は不安を抱くと、それをどうにかカバーしようと、いろいろな角度から考えます。

たとえば、僕は趣味で格闘技を楽しんでいます。格闘技は相手の攻撃がきますから、常に不安と隣り合わせの世界。そして、もっとも攻撃が「効く」のは、自分が思っても見なかった部位に不意に打ち込まれたときです。これがとにかく効く。だからこそ、プロはいろいろな駆け引きをしながら、体のどこかで感じている不安に対処すべく、ガードを上げたり距離を取ったりして、不安をつぶしていくのです。

不安を感じている自分を客観視できれば、不安を手放せる。

そのようにとらえることができれば、不安というのはネガティブなだけの状態ではなくなります。むしろ、不安を抱いているのは自分にとっていいことかもしれない。体のなかのなにかに引っかかりアラートが鳴っているのだから、そこから起こる出来事に備えることができます。そんなマインドセットを、ぜひ持ってください。

僕自身は、違和感や不安を抱いたら、自分の心を安定させるためによく自分自身と会話をしています。

「本当にそう思ってる？」
「本当にやりたくないならやめておけば？」

自分に向かって、メンタリングを行うのです。もともと僕は自己肯定感が高くないタイプだったので、自分に対してとても厳しくなりがちな面がありました。

でも最近は、自分なりに勇気を出して、自分を思いきって甘やかすようにしています。すると、ずいぶんと気が楽になり、心のメンテナンスがしやすくなってきたようです。

自分をもっとも正しく評価できるのは、自分だけ。

そのことに心底納得できるようになると、あまり深刻な問題は起きません。なぜなら、他人の思惑に振り回されることがないからです。

「自分を正しく評価できるのは自分」だと、本気で信じられるかどうか。「Being（ありたい自分）」でいることを、常に心がけているかどうか――。

これは、心を健全に保つうえでもとても大切なことです。

■「~さんだからできるんでしょ?」にある罠

ここまで「Being（ありたい自分）」を軸に、「Think（考えること）」の大切さについて書いてきました。さらに、この「考える」プロセスのなかで、どうしてもおちいらないようにしてほしいマインドセットがあります。

それは、**「〜さんだからできるんでしょ？」**というもの。

これは、とてもたちが悪いマインドだと僕は思っています。他人と比べて自分を下げて、「あなただからできるんでしょ？」と相手を切り離しつつも、同時に自分を硬い殻で守っているからです。たとえ口に出さずとも、多くの人が心のなかでやりがちではないでしょうか？

それこそ、「ホリエモンだから、どんなピンチにおちいってもビジネスがうまくいくんだ」などと、あきらめるのは簡単です。でも、まずこう自問してください。


「わたしはホリエモンになりたいのだろうか？」

もし、本気で堀江貴文《ほりえたかふみ》さんのようになりたいのなら、彼の行動を徹底的に分析し、そこに至るまでのプロセスにおいて真似できるところを見つけ、少しでも近づけるように努力すればいいでしょう。そのためには、「なぜなのだろうか？」「どうすればいいのだろう？」と自分に問いかけて、とことん考え続け、そしてスピーディーに行動していく必要があります。

でも、もしそこまで思えないのなら（そして、誰しもホリエモンにはなれないのだから）、そんなことに自分の脳の貴重なリソースを割《さ》く必要はないと思いませんか？

もっと自分の成功のために考えればいいのです。

実は、「～さんだからできるんでしょ？」という言葉は、僕自身もよくいわれることです。僕は職業柄、最新のテクノロジーの活用やアウトプットの重要性を伝える機会が多いのですが、新しいデジタル機器やソフトウェアの利用を提案したり、人前で発表することをおすすめしたりすると、「澤さんだからできるんでしょ？」といわれてしまう……。

「澤さんはもともとＩＴに詳しいからね」

「人前で話すのが仕事だし」

そんなことをいわれる機会が頻繁にあり、少し微妙な気分になります。それって褒めているようで、実はまったく褒めていませんよね。おそらく、そんなことをいう人の心のなかには、自分でもどうにもならない複雑な感情があって、それに正面から向き合うのも億劫《おっくう》で、ついそんなことを口にしてしまうのかもしれません。

でも、そんなマインドにとらわれていては、結局ものごとは一歩も前に進みません。

そこで、「〜さんだからできるんでしょ?」という思考を、いかに自分で飼いならすかが大切になる。そもそも、自分以外の人たちの価値基準である「他人の単位」に気持ちが振れている時点で、わざわざ幸せな状態から遠ざかっていると思うのです。

あくまで自分は自分——。他人と能力やペースがちがうのはあたりまえであって、他人のことは気にしなければいいではありませんか。

もちろん、そうはいっても、他人を気にする気持ちがわからないでもない。でも、そんな気にしている自分を認めて受け入れたうえで、「気にしても仕方ないじゃないか!」「わたしもやればいいんだ!」と、気持ちを切り替えてみましょう。

ありのままの自分を認めたうえで「思考」する

やっかみや嫉妬のようなネガティブな感情を持ってしまうのは、人間である以上、仕方がありません。急にそうした感情をゼロにすることができれば苦労しませんが、人間とはそういう感情を持ってしまう生き物なのです。

だから、そんな気持ちを持った自分を卑下《ひげ》したり、傷つけたりしてもなにも意味がない。実際に感じてしまったのだから、それを受け入れ、ありのままに認めてしまうしかありません。

そんな気持ちを持ったときは、「人間なのだから仕方ない感情なのである」と受け入れるくらいでちょうどいいと思うのです。他人をやっかんだあげく、「だから自分はダメなんだ……」と結論づけるなんて、あまりにバカバカしいと思うのです。

「ときどきそんなことを思ってしまうクセが自分にはあるな」

まずはそのくらいに思って、ネガティブな感情をやり過ごしていくのがちょうどいいのでしょう。そして、できればそこでおしまいにするのではなく、その先を「考える」クセを身につけてほしい。

「どうして自分はそう思ったのだろう？」
「あの人になりたいのだろうか？」
「なぜあの人の成功がこんなにうらやましいのだろう？」
「あの人の成功を心からよろこべないのはなぜだろう？」

このように、あくまでも自分に対して思考を向けるクセができると、それだけでも次の「行動」が変わっていきます。

マインドフルネスなどは、このようなアプローチで自分の感情をとらえるのだそうです。「いまあの人をうらやましいと感じた」と認めたうえで、そのあとの気持ちを切り替えていく。心をフラットな状態にしたうえで、自分はどうしていくかを考えていく。

誰も正しい答えなんて持っていません。だからこそ、思考も、そのあとの行動も、すべては自分だけが決められるということです。

僕が運営するオンラインサロンには、僕の年齢に近い人も参加していますが、同じようなことで悩んでいる人はたくさんいます。そこで僕が、「他人がうらやましいと思うことなんて、自然な感情だから受け入れていいんですよ」というと、「なんだか救われました」と返されます。つまり、「自分は年も重ねているし、そんなみっともない感情は持ってはいけないんだ」と、自分を追い込んでいたわけです。

「澤さんは、そんなこと感じない人だと思っていました」

そういわれたこともあります。

でも、ときには僕だって他人をうらやんだり、腹を立てることだってある。ただ、あとに続く「思考」がそのままネガティブにならないように、すぐ意識的に切り替える練習を続けてきただけなのです。

そうして半ばクセになるまで、自分を「しつけて」きたに過ぎません。

■ 片っ端から動いて「ありたい自分」を見つける

先に、自分の「行動」に違和感を抱くのは、「Being（ありたい自分）」とかけ離れているからと書きました。そうであるなら、最初にやるべきは、「Being（ありたい自分）」を探すことです。

でも、「Being（ありたい自分）」が確立していなくても大丈夫。いまの時点でそれがなくても、**「Being（ありたい自分）」を探したり、試したりするための「行動」をしていけばいい**のです。

最低限、「違和感」というアラートにさえ気づければ、まだはっきりと確立されていない状態にある「Being（ありたい自分）」と乖離しているかどうかは気づくことができます。

まずは、思いつくまま、片っ端から行動してみるのもいい。

僕の例でいうと、キャリアの最初期に、『007』シリーズのQや『バットマン』

のアルフレッドに憧れてプログラマーになったものの、いざやってみたら、あまりプログラマーには向いていませんでした。よくメディアの取材を受けたときに、「ポンコツエンジニア」と自称しているのは、謙虚でもなんでもなく、まさにリアルな僕の〝黒歴史〟からきています。

ならば、プログラミングが嫌いかというとそういうわけでもなく、それほど向いていなかったというだけに過ぎません。プログラミングは作業にものすごく時間がかかるし、僕よりうまくできる人は山ほどいるし……考え方によっては、僕が無理してやらなくてもいい仕事だったわけです。

ただ、Qやアルフレッドにはなれなくても、「プログラミングを知っている」という状態でいることは、自分のなかではいつも高評価でした。エンジニアリングのメソッドがわかっている状態だけでも、「Being（ありたい自分）」に接近していたからです。

もちろん、それだけでは、まだ有効な行動には結びついていません。そこで僕は、「Being（ありたい自分）」を確立していくために、片っ端からいろいろな行動を試していったのです。

その過程で、自分が持つエンジニアリングのメソッドを活かして、インターネットに関する知識や情報を多くの人にわかりやすく伝える仕事に魅力を感じはじめました。そして、いまでは信じられないような失敗も多々ありましたが……やがて自分がなにかを伝えることで、「人がハッピーになれる」状態を求めるようになり、結果として自分にマッチする、「プレゼンテーション」というものに出会うことができました。

それこそ最初のうちは、プレゼンテーションをとおして自社商品の魅力を伝えるだけでしたが、やがて、テクノロジーをとおして人がハッピーになれる理由やメカニズム、その背後で起きている価値観の変化といった、より本質的なメッセージを伝えられるようになり、たくさんの人によろこんでもらうことができたというわけです。

いまでは「個」に対するメンタリングや、コミュニティーの運営、スタートアップ企業などのサポートにまで活動が広がっていますが、その過程においても、「ポンコツエンジニア」としてのエンジニアリングのメソッドは活きています。

まずは、試してみること。

それによって、「Being（ありたい自分）」の方向へ、実践的なかたちで近づいていけると信じています。

■「やります」というだけで成功体験を得られる

まずは試してみるという意味で、自分のまわりでなにか募集などがかかったときは、手を挙げてみることをおすすめします。

とりあえず、やってみる。

あまり細かいことは考えずに、まずは手を挙げてしまいましょう。それについて、僕がいまでも、自分にとって大きな気づきになったと感じている体験があります。そのひとつが、40歳を超えてスキーの指導員資格を取ろうとしたときの出来事。

まず、スキーの指導員の資格を取るには、雪上で講習を受けなければなりません。そのときは15人程度のグループにインストラクターがひとりついて講習を受けたのですが、グループを取りまとめる班長のような役割が必要でした。簡単にいえば、点呼を取ったり、はぐれたりしないように注意する役割です。その班長を、僕は毎回手を挙げてやっていました。

当然ながら、誰もが自分の講習に集中したいわけで、面倒といえば面倒な役割です。でも、やってみるといいこともたくさんあった。なぜなら、スキー以外に共通項がなく、バックグラウンドが異なる人たちのコミュニティーのなかで、自然とリードを取れる役割になれるからです。

つまり、なにかあると「お～い班長！」とみんなから呼ばれて、最初に話しかけられる状態になる。すると、自分にすべての情報が集まってきて、いろいろな知識も得られるし、最終的にたくさんの得をしました。

そうして肝心の検定に何度も落っこちて、何年経っても資格がなかなか取得できないなか、しつこく班長をやり続けていたある年、僕のグループにろうあ者が5人ほど参加したことがありました。でも、なにしろ僕の声が聞こえないので、当然ながら手話でのやり取りが必要です。手話インストラクターがやり取りを進めてくれていましたが、当時の僕には手話の経験がなく、なにを会話しているのかまったくわからなかった。

でも、そこで眺めているだけでは班長としては失格です。僕がやることはひとつ。あいさつなどの最低限の手話を急ごしらえで覚えて、とにかく全力でコミュニケーションをすることでした。すると、思わぬことに、彼らはものすごくよろこんでくれたのです。

同時に、手話の特徴や成り立ちなどを教えてもらえるようになり、手話には「動作や動き」の表現、「文字」の表現、そして「印象」の表現で大枠が成り立っているといった、生の知識も得ることができたのでした。

なによりも大きかったのは、ろうあ者と手話で会話ができるという「成功体験」でした。ふだんからプレゼンテーションでコミュニケーションをしていた僕ですが、人間の多様性やコミュニケーションの奥深さを、身をもって体験できたのです。

「やります」と表明するだけで、多くの体験が自分に降ってくる。

ぜひみなさんも、なにかの機会に「誰かやりませんか?」と問われたときは、あまり深く考えず、「はい、やります!」と〝安請け合い〟してください。最初は、「面倒なことに手を挙げちゃったなあ」と感じるかもしれません。でも、結果的には自分にプラスになることが大きいと、僕はこれまでの経験から断言できます。

■ ひとりで小さな旗を立てよう

本書は「個」の力を養うことがテーマですが、当然ながら、どれだけ「個」を鍛えても、人はひとりで生きていくことはできません。そもそも仕事はひとりでは成り立たないし、ときには誰かの手を借りなければならないこともあるでしょう。

そのため、やはりコミュニケーション能力は欠かせませんが、そのコミュニケーションがなかなかできないと、悩む人がたくさんいます。

そんなとき、僕は人とコミュニケーションせざるを得ない役割に、勇気を出して手を挙げることをおすすめしています。手を挙げることは、手っ取り早い方法として絶対に有効です。

それこそ、5〜6人の飲み会の幹事をやるだけでも構いません。人のスケジュール調整は、誰もが面倒だと思っているのだから、たいていの場合うまくいかなくても慰《なぐさ》めてもらえるし、うまくいけば大きな感謝をされるはずです。

なにより「おいしい」のは、自分のところに人が集まってくるようになることではないでしょうか。単純に、いろいろな人に話しかけられるので、その都度、答えなければならないし、そのなかで「自分はなにを伝え忘れていたのか」「人がなにを欲しているのか」を学ぶ機会が格段に増えていきます。これは、コミュニケーション能力を常にアップデートできる状態に入っているということ。

コミュニケーションに苦手意識がある人は、まずは少人数のなかで自ら役割を買って出ることを心がけてみる。すると、フィードバックをたくさん得られて、自分なりの小さな成功体験を重ねていけるでしょう。

まずは、小さな旗を立てる。

小さな旗を立てると、小さな旗に対して少人数が集まってきて、小さな学びを得ることができます。そして、それはなにもしないで学びや経験を得られない状態とは、雲泥《うんでい》の差があると僕は思います。

もし、どうしても勇気が出ないなら、旗を立てた人のサポートからはじめてもいいでしょう。誰かがリーダーや幹事役を引き受けたなら、「自分にはもう関係ない」となるのではなく、サポート役に手を挙げるのです。

そうして、リーダーたちの技を真横で体験しながら学んでいくと、より心理的な負担が少ない状態で、コミュニケーションについて効率的に学べます。

■ 致命的な大失敗さえしなければいい

行動に踏み出すときに、どうしても不安や恐れが先立つ人は、「最低限これさえ知っておけばなんとかなる」ということを慣れている人から教わっておけば、たいていのことはできるようになります。

わかりやすく、料理を例にして説明しましょう。

ふだん料理をしない人や料理が苦手な人は、まずもってなにから手をつけていいのかがわからない状態にあります。料理本を見て、つくり方を片っ端から頭に入れるにしても、自分がやろうとしていることがどうにもわからない。なぜなら、わからない言葉が料理本にたくさん出てくるからです。

たとえば、「乱切《らんぎ》りにする」と書いてあるとします。ここでふだん料理をしない人は、「次はにんじんを乱切りに……って、乱切りってなんだ?」と包丁を握る手が止まってしまうわけです。「乱切り」というと、まるで侍が刀を振り回しているようなイメージが頭に渦巻くわけですが、要するにいっている意味がわからない。いきなり料理本を読んでも、なかなか行動できない理由がここにあります。

先に、まずはなんでもいいから「とりあえずやってみる」という姿勢ではじめてみようと書きました。これを料理でいうなら、「たいていのものは火を通せば食べられるよね!」くらいの雑さで、僕はいいと思っています。

そうして、とにかく行動に踏み出しながらも、ひとつだけ押さえておきたいポイントがあります。

なにをすれば「大失敗」なのか。

料理が大失敗するのはなぜだと思いますか？　いろいろな意見があるでしょう。でも実は、「○○し過ぎ」が大失敗の理由の大半を占めます。

分量が少な過ぎても、さほど失敗にはなりません。なぜなら、あとで足せるから。でも分量が多過ぎると、時間は巻き戻せないので完全に失敗作ができあがります。焼き過ぎ、混ぜ過ぎ、入れ過ぎ……。「○○し過ぎ」はもとに戻せないのです。

とすれば、足りないくらいではじめてみて、「あとで足そう」と思っておけばいい。すると、なんだか心理的ハードルがぐっと下がっていきませんか？

こうして、自分なりに最低限の心理的安全性を確保したうえで、とりあえず手を動かしてみる。完璧を目指すのではなく、完膚《かんぷ》なきまでの大失敗をしないために、注意が必要なポイントだけを押さえておく。すると、行動を重ねるごとに成長し、ある程度の成功まで到達することができます。

こんな表現をすることもあります。

打席に立たない限りヒットは打てない。

だからこそ、打席に無理やりにでも立つことが大切なのです。

そのときに、致命的な大失敗だけしないように、誰かに教えてもらっておけばいい。

もし野球なら……バッターボックスから足が出ないようにすることかもしれませんね。「大失敗」さえ理解しておけば、あとは勇気を持って行動し、たくさん失敗して、フィードバックをもらって学んでいけばいい。

行動を積み重ねるには、勇気もいるし時間がかかるかもしれません。でも、結局のところ、それがもっとも効率のいい成長する方法です。

■ 常に考えてこの瞬間を生きていこう

自ら進んで行動すれば、最終的に、情報も知識も集まってくると書きました。僕が多くの人に伝えたいのは、インプットだけに偏《かたよ》るのではなく、まずはなにかアクションを起こしてみることの大切さです。

情報発信でもいいし、誰かに意見をぶつけるのでもいい。なにか具体的な価値を生み出したい人は、とにかく手を動かしてプロトタイプをつくってみるのもいいでしょう。

情報発信で一例を挙げます。手軽に取り組める行動として、**「Twitterで1日5ツイートする」と決めて発信してみるのはいかがでしょうか。**

「なんだ、簡単そう」と思う人もいるかもしれませんが、実際にやってみるとこれがなかなかむずかしい。たいていはすぐにネタが切れてしまい、「お昼につけめん食べた。うまし」みたいなツイートになりがちです。

でも、そんなツイートにも必ず自分なりのストーリーをつけるように心がければ、コミュニケーション能力を向上させることは可能です。なぜなら、それを意識すれば、自分のアンテナが鋭敏になり、関連する情報の収集を常に行うようになるからです。

また、最大文字数が日本語は１４０文字、英語は２８０文字と限られるため、情報の無駄を削ぎ落として「言葉を編む」訓練もできます。これが、必要な情報を端的に表現するというコミュニケーションにおける重要な力を育んでくれます。

「なにをツイートしていいかわからない」という人もいるかもしれません。そんな人は、とにかくなにかに興味を持つことです。自分のキャリア自体を興味の対象にしてみるのもありです。それなら、「Being（ありたい自分）」にもつながります。将来のキャリア像を具体的に描き、そのイメージに関連するツイートをするのです。

たとえば、「グローバルに活躍するビジネスパーソンになりたい」と考えたとする。すると、当然そこには「英語を話す」という要素があります。であれば、5つのツイートのうち、ひとつは英語でツイートすると決めるのも手ではないでしょうか。これなら、コミュニケーション能力を高めながら、同時に英語での発信力も鍛えることができ、「Being（ありたい自分）」に近づくことができます。

もうひとつおすすめの「行動」としては、**自分から「教える機会」をつくるのも効果的**です。「マネジメント」概念の提唱者としても知られる、オーストリア出身の経営学者であるピーター・F・ドラッカーも、**「人に教えることほど、ある事項について学びになるものはない」**という旨の言葉を述べています。

身近な人になにかを教えるのでもいいし、不特定多数の人に教えるつもりでブログを書くのもいい手段です。

そして、その内容は、あなたが特別詳しい分野である必要すらありません。

あなたが学んでいる最中のことでいい。

学んでいる途中でも、人に教えるつもりで発信していくと、内容が整理されてより深く理解できるようになります。しかも、あなたの情報を見た人から、「参考になる本やサイトがありますよ」「その知識は正確には少しちがいますよ」と、有意義なアドバイスや情報をもらえる場合もある。

誰かに教えることが、自身の学びを深めてくれるのです。

アウトプットというと、それなりに体裁を整えて、価値のあるものを出さないといけないと考える人が多いようですが、決してそうではありません。極端にいえば、「わたしはこれがわかりません」「これ知ってる人いますか?」と発信するだけでも、上質なインプットを得ることは可能だということです。

「Being（ありたい自分）」に近づいていくには、なによりアウトプットが大切。そこでこれからは、「あなたはなにをしている人ですか？」「どんなことをしたいのですか？」と聞かれたら、即座にその質問に答えるようにしてください。

あるいは、前もって共有できるコンテンツを用意しておき、相手に即座に見せてください。

いまは、過去の価値観や常識がリセットされ、正解がまったく固定化されていない状態になっています。だからこそ、逆に大きなチャンスがあると考えられるし、「Being（ありたい自分）」を探す機会も、きっとたくさんあることでしょう。

あなたの人生を変えるかもしれない貴重なチャンスを逃さないように、ほんの少しだけ勇気を出して、自分からいつでも発信できる準備万端の状態を保っておきましょう。

そして、「あたりまえ」をもっと疑おう。
常に、考えて生きていこう。

第2章

常にアップデートする
——あなたはいつだって変わっていける——

Transform

ネガティブな要素が強くなってしまった状況において大切なのは、社会や技術やまわりの環境が変わるのを座して待つのではなく、まず自分の考え方や振る舞いを変えていくことにあります。ピンチを自分のための機会にして、自らを変化させることにどれだけ本気で取り組めるか。そんな姿勢こそが、「個」の生き方の明暗を分けるでしょう。あなたはいつだって、変わることができる！

■「もっとやりたい」と思うことに磨きをかける

序章でも書いたように、僕は、コロナショックによって多くの人が置かれている状況を、十把《じっぱ》一絡《ひとから》げに「ピンチはチャンスだ」などと軽々しくいうつもりはありません。置かれている状況は人それぞれちがうものだし、無邪気に処方箋を示すのは、誠実さが欠けた態度だと考えています。

ただ、そうはいっても、多くの人に安心できる環境で生活を送ってほしいし、不安定さが増した状況のなかでも、悲観的にならないマインドを持ってほしいと願っています。そこで、少なくとも、多くの人に持っていただきたいなと思うマインドセットがあります。

ピンチで終わらせない。

「いまはこんな時世なのだから、うまくいかなくても仕方ない」と終わらせるのか。それとも、マイナスからでも一歩を踏み出し、少しでも自分ができることを増やしていこうとするのか。これはもう、「個」それぞれのマインドセット次第です。
ただし、後者のように考えないと、結局は外部環境に翻弄《ほんろう》され続け、ずっと苦労が耐えなくなってしまいます。ピンチを言い訳にして努力しないでいると、当然そのあともいいものごとは起きにくいもの。逆に、ピンチでも一歩を踏み出していくと、逆境に負けないための鍛錬となります。
ピンチに過剰に反応するのではなく、乗り越えることでチャンスに変わる場合もある。具体的にどうすればいいかというと、よりストレスが少なく、かつ世の中に対して貢献しやすい鍛え方をすることです。

自分の得意なことや、「もっとやりたい」と感じるものに取り組んでみる。

「個」の成長はこのプロセスに尽きます。もちろん、いくらまわりから評価されても、自分がやりたくなければ話は別です。でも、もしそうでないなら、「得意なこと」に磨きをかけるほうが、苦手なものに取り組んであくせくするよりも確実に結果がついてきて、なにより楽しいというのが僕の考えです。

とくに、いまはあらゆる分野でビジネス環境が厳しくなっています。ということは、マイナスの地点から上昇しなければならない。でも、そもそも上昇というのは、原理的にかなりのパワーとスピードがなければできません。

飛行機でも、落ちるときは重力の影響であっという間に落ちていきますが、上昇するときは、相当な上方向のパワーとスピードが要求されます。地上を滑走しているあいだに時速何百キロも出して、ようやくはじめて離陸できる。

そんなパワーとスピードを出すには、やはり自分のなかから湧き上がってくるものにきちんと向き合い、取り組むことが必要です。自分の得意なことや「やりたいこと」に磨きをかけながら、飛ぶ前に準備しておかなければなりません。

もちろん、自分がやりたいからといって、思うがままに突き進んでいくと、場合によってはひとりよがりな行動になる可能性も否めません。そこでもうひとつ、具体的な鍛え方の基準を挙げましょう。

それは、他人が、「自分をどう紹介するのか」を意識して、自分の能力やスキルを磨くことです。

自己紹介ではなく、「他己紹介」を意識する。

わかりやすくいえば、**自分につけられた「タグ」を意識する**ことです。これはあくまで、客観的な視点から「Being（ありたい自分）」を確認するための行為であり、「他人の単位」で自分を評価するのではないことに注意してください。

自分に「タグ」がつくと、結果的に様々な人が引き寄せられるようにやって来て、情報や仕事が集まりやすくなります。そこで、自分の「タグ」をあらためて見直し、もしつきかけている「タグ」があるなら、その部分を磨いていきましょう。

あくまで、自分のなかから湧き上がってくるものに忠実であるのが大前提。そのうえで、「他人が認識している自分」を磨いていくのがポイントになります。

■「～してからやる」と考えない

「でも、自分がやりたいことを見つけたり、得意なものを磨いたりするのには時間がかかるんだよね……」

そんな人もいるかもしれません。そう思う人は、ぜひ「不完全なまま行動する勇気」を持ってください。とにかく、「完全な状態でなければならない」という呪縛から離れてほしい。僕は、よくこういう言い方をします。

「ちゃんとし過ぎないでいい」

とくに、日本人は「〜してからやる」と考える人が本当にたくさんいます。

「お金ができてから結婚しよう」

「英語がある程度話せるようになってから留学しよう」

「ダイエットしてからスポーツクラブへ行こう」

でも、それって話が逆ですよね？　「ちゃんとしていなければいけない」という気持ちが強過ぎると、このような考え方になるように思います。


なにかを発言したり行動したりするときに、そのための資格なんて必要ありません。

もし僕が、「エンジニアです」というと、「あなたのどこがエンジニアなの？」と文句をつけてくる人もいるかもしれない。

でも、それは無意味な主張です。自称と詐称はあくまで別ものだから。たとえば、僕が「ケンブリッジ大学を首席で卒業しました」といったなら、それはただの嘘なので詐称になるでしょう。

ただ、「自分はこれから思考と行動を変えて、エンジニアリングを生業《なりわい》にし、充実した幸せな人生を送りたいと思っています」というなら、少なくとも自分が持つ知識をもとにエンジニアを名乗っても構わない。それは自称でまったく構いません。

もし、なにも経験がなくて気が引けるなら、「わたしはエンジニア志望です」とでもいえばいいのではないでしょうか。いまの状態のまま、アクティブに自分を発信していけばいいのです。

スキルや能力がすべて揃ってから、大義名分が立ってから、という呪縛を自分にかけると、大きく損をすると僕は声を大にして伝えたい。もう、そんな変化のスピードがのんびりした時代は終わりました。

結局のところ、「〜してからやる」と考えるのは、心のどこかで「人からどう思われるか」を気にしている証拠。自分でも気づかないうちに、自分と他人とを比べてしまっているのです。そんな「他人の単位」で自分を縛るのは、僕はとてももったいないことだと思います。

■「やりたいこと」に打ち込む時間と心のつくり方

まわりから得意だと認識されている、「タグ」がついている部分を意識して磨くと、効率的かつ効果的だと書きました。ただ、得意だと思われていることと、自分が「やりたいこと」はちがうと感じる人もいるでしょう。

他人からの認識を客観視しながら、自分がやりたいことを追い求め、しかもルーティンの仕事もあれば、当然、生活もある……となると、「とても時間が足りない！」となりかねません。

そんなときは、テクニカルな部分とマインドセットの部分に分けてアプローチしましょう。まず、テクニカルな部分は、やはりタイムマネジメントを徹底的に行うことです。端的にいうと、このような感じです。

価値を生み出していない時間を徹底的に削ぎ落とす。

最初は主観で構いません。自分で「価値を提供していない」と感じる時間を、価値を提供できる時間へと換えていくのです。

たとえば、いまリモートワークにある程度手応えを感じている人なら、価値を生み出していない時間を次のように削ぎ落とせるのではないでしょうか。

- **移動を徹底的にやめてしまう**
- **出なくてもいい会議には「絶対に」出ない**
- **自分が価値を提供できる場所だけにいると決める**
- **可能な限りリモートワークをする**

このようにタイムマネジメントを突き詰めていけば、結果的に自分が使える時間が最大化されて、いいことが増えていきます。最初はちょっと極端なように感じる行動の変化でもいいと思います。そうしなければ、本質の部分はいつまでも改善されません。

他人はあなたの都合に合わせて、なにかを変えてくれるわけではない。

このことを肝に銘じておきましょう。

ちなみに、僕は、新しいワークスタイルを提案するために、「ハイブリッドサラリーマンズクラブ」という複数の仕事を持つサラリーマンで構成するオンラインコミュニティーにも所属しています。そのメンバーであるイセオサムさんは、最近、勤務先がある東京から長野に移住しました。

でも、たとえ東京から離れても、リモートワークで価値を提供できる自信があるから、住む場所をすべて自分で選択できたわけです。タイムマネジメントを突き詰めると、そんなハイブリッドな働き方も実現できます。もっというと、東京から離れることで、提供できるユニークな価値が見つかるかもしれません。

次に、マインドセットの部分では、自分が本当に「やりたいこと」をするために、まわりから得意だと認識されているものを「うまく活用できないか」と、とらえ方を変えてみましょう。

「やりたいこと」は別にあるとしても、自分の得意なことをフル活用しながら、そこに近づいていけばいいのです。たとえば、次のように考えを転換できるのではないでしょうか。

- **他人に任せられないか?**
- **それを「教える」立場になれないか?**
- **自分の「分身」を増やしていけないか?**
- **代わりにやってくれる人をプロデュースできないか?**

このようにマインドセットを変えると、自分がプレイヤーとしてがんばる以外の道も見えてきませんか?

そうすれば、自分が提供できる価値はより大きくなるし、生々しい言い方をすれば、バックアッププランにもなるでしょう。人生ではなにが起こるかわかりません。急用や病気などで動けなくなることだって起こり得ます。そんなときに、「ごめん、代わりにやっておいてくれる?」と、バックアッププランを用意しておけば、リスクヘッジもできます。

このように、テクニカル、マインドセット両面でアプローチを変化させながら、「やりたいこと」に向かっていければ理想的だと思うのです。

■いいとこ取りでハイブリッドに働こう!

「ハイブリッドサラリーマンズクラブ」のメンバーには、本業とはまったくちがう活動に夢中になって取り組む人がたくさんいます。そのひとりである服部《はっとり》景子《けいこ》さんは、公認会計士として日本とアメリカでキャリアを積み、お子さんもふたり育てる40代の女性です。

そして、彼女は39歳からボディメイキング（美しい体づくり）にも打ち込んでいます。2019年には「サマー・スタイル・アワード」という「夏が一番似合う男女を決める」大会のビキニモデル＋40部門で2位を、ビキニモデルショート年齢制限なし部門で4位に入賞されました。

ボディメイキングといえば、相当ストイックに体を鍛えなければならないし、食事制限だって欠かせません。もちろん家事もあるし、仕事も絶対に手を抜かないし、毎日が相当大変。それでもタイムマネジメントを徹底的に行って、結果として、生活にも仕事にもかなりプラスの影響があるそうです。

僕なんかよりはるかにストイックに生きておられるのですが、すべてを本当に楽しんでいる様子に見えます。その姿勢はとても尊敬できるし、こんな人がもっと増えれば、面白い社会になると思うのです。

彼女もまた、「Being（ありたい自分）」に関して思うところがあって、ふと「ボディメイキングをやってみよう」とはじめたら、のめり込んでしまったといいます。

そして、僕がここで声を大にして伝えたいのは、程度の差こそあれ、彼女と同じような生き方がいまの時代は誰にでもできるようになっているということです。

誰もが「やりたいこと」をやる権利を持っているし、本来それは誰にも邪魔できな

い。自分がやりたいと思うことを、自分だけで選び、自分だけで打ち込んでいい。

自分が外部に対して表現できる「タグ」を見つけたら、いくらでもハイブリッド化できる時代になっているのです。

ここでのハイブリッドとは、自分の趣味や得意なことを、統一感なくばらばらにやることではありません。

まさにハイブリッドカーにいえますが、電気とガソリンエンジンを組み合わせて、それぞれのいい部分を発揮し、結果的に快適に走行できる仕組みがハイブリッドカーです。単に、代替手段を組み合わせているだけではありません。

「いいとこ取り」をして、もっとも効率よく行動するのがハイブリッドという生き方。

ハイブリッドな働き方や生き方は、単に稼ぐ手段を複数持つだけのものでもないのです。そうとらえてしまうと、「空いた時間でほかの仕事をしなければ」と考えてしまい、結果、自分の時間を切り売りして、時間とお金を交換するような行動におちいる可能性があります。

そうではなく、ハイブリッドに掛け合わせたそれぞれが、「Being（ありたい自分）」にとって大きな価値があるからこそ、人生を豊かにしてくれる。

自分の「時間」の価値を最大化することが、人生の最優先事項だと考える。

人生を豊かにするものを先に選び、ともすれば、それが報酬にも変わっていくように仕向けていく努力をする。自分が情熱を持って打ち込めるものに人生の時間を投入することを第一に考えるからこそ、報酬にもつながっていくのだと思います。

■江戸時代はワークシェアリングしまくっていた

ハイブリッドに働くスタイルや、仕事を複数で「シェア」するような概念は、これからの日本でも徐々に浸透していく可能性があります。世界を見渡すと、たとえばオランダをはじめワークシェアリングなどの制度が充実している国々では、好きな時間にパートタイマーとして働けるような仕組みがデザインされていることで、生活そのものが豊かになり、幸福度の高さとの相関も示されています。

では、なぜ日本では、これまでワークシェアリングなどの発想が社会に浸透しなかったのでしょうか？　その原因はいくつかありますが、個人的に考えるもっとも大きな原因は、はっきりいってしまうと管理する側の能力が乏《とぼ》しいからです。

管理能力が欠けているからこそ、ひとつの会社や組織を象徴する単一の価値観によって、労働者をひとつの役割に閉じ込めてしまうのでしょう。なぜなら、ひとつの価値観のなかで、「できる・できない」を判断すればいいだけなので、機械を管理するのと同じ手法で楽に管理できるからです。

加えて、管理指標が明確でないのも大きな原因のひとつだと見ています。そのため、結局は、「どれだけ帰属意識を持っているか」が重視されるようになり、本来仕事とは関係のない「帰属意識」によってその人の能力までもが判断される。いわば会社や組織に強くコミットさせて、仕事の「掛け持ち」ができないような価値観をつくり上げてきたわけです。

これは、管理側の力が強過ぎるといえますが、見逃せないのは、働く側のなかに「管理されるほうが楽」というマインドセットがどこかに潜んでいることではないでしょうか。

思えば、多くの人は子どものころからまわりの価値観やルールに従わせるような教育を受けているため、誰かに正解や判断を求めるマインドセットが強められてしまっているのです。

ところで、日本はむかしからそうだったのでしょうか？　たしかに、江戸時代には治安維持や法度の遵守《じゅんしゅ》を目的に、近隣5家を1組に編成して連帯責任を負わせる「五《ご》人組《にんぐみ》」という組織がありました。また、昭和時代にもその制度を継承し、約10戸を単位としてお互いに監視し合う「隣組《となりぐみ》」という仕組みが根づいていました。

しかし、最近の研究では、江戸時代に「士農工商《しのうこうしょう》」の身分制度が絶対的なものではなかったとする見解があります。武士が支配層の上位であったものの、武士以外は上下、支配・被支配の関係はなく、身分制度が機能していなかったとされています。

もっといえば、みんなけっこう自由に「ワークシェアリング」していたらしい。お上になにかいわれたら、そのときだけおとなしくして、ほとぼりが冷めたらまた自由自在に働く。そんな柔軟で多様な価値観があったというのです。

今後は価値観の変化がますます激しい時代になるのは間違いなく、これだけボーダーレスに世界中がつながり、価値観がモザイクのように混ざり合った現在の世界では、単一の思考や価値観に固執するのは、僕はまったくのナンセンスだと考えています。

ひとつの価値観のなかで生きることにすべてを賭けるような生き方を、僕たちはなにより避けたほうがいい――。

仕事や働き方という観点でも、これからは人を画一的に管理するのではなく、プロジェクトやプロセスを管理するスタイルに変わっていくはずです。

プロジェクトベースで事業を回すとスピードも上がるし、そんな動きがあちこちで出てくれば、「個」それぞれが、自分の能力を発揮して働ける世の中になっていく。

いろいろなコミュニティーに参加し、多様な人たちと出会いながら、それぞれの能力を持ち寄ってハイブリッドに働いていけるでしょう。
もちろん、出会える人が増えることが、そのまま幸せにつながるとはいえません。
ただ、少なくとも自分の価値を提供できる場所が増えるのは、個人にとってポジティブな変化ではないでしょうか。

ハイブリッドな存在になれば、働く人は、いまよりもっと自分の価値を広く社会に提供できる。

そんな働き方は、より豊かで幸せな生き方につながっていると僕は思っています。

場所を選ばない働き方がスタンダードになる

今回のコロナショックによって、「場所」という要素が、仕事で生み出される価値と必ずしも同じではないこともあきらかになりました。

もちろん、飲食業や観光業のように、場所の制約を大きく受ける仕事があるのは事実です。一方で、場所の制約を受ける仕事にもかかわらず、経営者の機転によってピンチを乗り切った会社や店舗もたくさん現れました。

僕の知人がやっているレストランも、新型コロナウイルスの影響で、ある時期より営業を自粛しなければならなくなりました。そこでどうしたかというと、一気にオンラインに舵を切ってミールキットの配送サービスを開始し、同時にレシピと調理法をウェブ上に公開しました。つまり、同じものが家でも食べられるように、動画コンテンツとして配信したのです。

このサービスを見たまわりの人からは、「それって自殺行為じゃないの?」と心配されたらしい。レシピは店の財産であり、メニューがどこでも再現できれば、もうその店に行く必要がなくなるから、そう考えるのもわかります。

でも、その知人はそう考えなかった。むしろ家で同じ味が食べられることで、ウイルス終息後に、彼らがファンとして店舗に来てくれると考えたのです。

家で食べる体験と、店で食べる体験はまったく異なります。自粛中は家で仮想体験をしてもらう時期だととらえ、動画でレシピを配信し、大切なお客さんを開拓し続けたのです。

本来、レストランは、場所とお客さんの時間をある意味で縛ることで、リアルな体験を提供するのが本分です。でも、それができなくなった状況をただただ嘆くのではなく、「いまできることはなんだろう？」と考えて、場所の制約を脱して価値を高めた人もいたということです。

レストランとしてできる範囲で、価値を最大化する「テレワーク」を実践した。

これを一般的なホワイトカラーに置き換えると、少なくともレストランに比べれば、どこにいても価値は出せると考えられます。だからこそ、これからは場所を選ばない働き方が、本来のあり方になると僕は見ています。

その変化を、会社や組織が、社員のわがままととらえるのか、あるいは社員が揃って同じ場所で働く形態にこだわるのをやめるのか。少なくとも、今後は少子高齢化がますます進み、優秀な人材を確保するのがよりむずかしくなる環境において、「働く場所を選べない会社」は人気がなくなり、競争力を失うと見るほうが自然でしょう。

場所を選ばない働き方は、ビジネスのスタンダードになるはずです。

■過去の成功体験にこだわってはいけない

ここまで書いてきたように、これから日常生活はもとより、社会経済基盤や働き方の慣行など、あらゆる部分において変化が起こるでしょう。そんな時代だからこそ、これまで以上に過去の成功体験にこだわっている場合ではありません。それを育んだ環境自体がすでに失われているのだから、こだわるのは無意味などころか、自らの成長を阻害するものになりかねません。

人は苦しい状況におちいると、どうしてもコンフォート（快適な）ゾーンに逃げ込みたくなるものです。そんな心に癒しを与えてくれるのが、「かつてわたしはこんな活躍をした」「ここまで上り詰めた」というような、過去の成功体験の自慢話の数々……。

でも、残念ながら、**過去に授かった賞や昇格などの成功体験は、すべて特定の時期に限定された、しかも他人から与えられた栄光に過ぎません。**正直なところ、いまの時代を生きるには期待するほど役には立たないでしょう。

このような話をするとき、僕はよく旧来型の変化を嫌う企業を例に挙げますが、これは僕がメインフィールドにしているＩＴ業界でも同じです。最先端のテクノロジーに触れる機会の多いＩＴ業界人も、なにか問題が起これば、つい過去の成功体験に逃げ込んでしまう面はあると思うのです。

過去の成功体験にこだわる人は、ベンチャー起業家やフリーランスの人のなかにもいます。たしかに、過去の自分が成したものに誇りを持つことで、自分の情熱を再生産していける面はあるかもしれない。過去の成功体験が、すべて無意味だといっているのではありません。

ただ、**それらを内なる自信の源にするのはよくても、大切なのは時代の変化に合わせて、アップデートしたかたちで再現させること**ではないでしょうか。過去の成功体験をそのまま持ち出して、「だからわたしはすごい」「だから自分には価値がある」という態度でいるのは、ただの思考停止に過ぎません。

価値は時代とともに次々と変わるものであって、常に新しいものを見出していけるマインドを持つ人こそが、これから活躍していける人なのだと思います。

常に「個」を起点にして、自分を「Transform（変化）」させていこう。

「あなたはいまどんな価値を提供できるの？」と問われたら、真っ先に自分ができることや、やりたいことを答えられるようにしておくこと。そして、すぐさま取り組んでいける態勢をつくっておくことです。

■組織の論理や価値観に巻き込まれるな

過去の成功体験と同様に、組織の論理や価値観にも巻き込まれないように注意してほしいと思います。

コロナショック以後、僕たちが置かれた状況に対して、経験則に基づく正しい答えを持つ人はおそらくほとんどいません。インターネットがこれだけ普及した状況で、全人類が同時進行的に、複合的な災厄に襲われたのははじめての経験だからです。経験則に基づいて指針を出せる人がほぼいない状態なので、誰もが正しいかもしれないし、誰もが正しくないかもしれない。

そんな、なんとも見えにくい可能性だけが存在している現状においては、もう「個」が一人ひとりトライアンドエラーを繰り返し、最悪の状態からいかに脱するかを考え、リスクマネジメントをしていくしかありません。

でも、そんなときに、組織の論理や価値観に従うかたちで「右向け右」と行動すると、いったいどうなるでしょうか？　もちろん、「とりあえずやってみる」という行動主義自体は手段としてありですが、それが無条件に「正しい」とみなすのはあきらかにリスキーかつ、おかしいことでしょう。

自分が所属する会社や組織、大きくは国にもあてはまりますが、「正しさ」を公言する判断や価値観に「個」が全面的に寄りかかってしまうのは、とても危ない思考だと思います。

だからこそ、他人から与えられたものをなんとなく信じるのではなく、「ひとつの考え方かもしれないけど、正しくないかもしれないな」ととらえ、人から与えられたプランAだけでなく、プランBやプランCを自分で用意しておくのです。**いつどんな**

ときも、まずは「個」として考えて行動するのです。

コロナ禍において、誰かが「正しい」と決めたルールを押しつけて大暴れしたのが、いわゆる自粛警察でした。営業中の店に妨害のビラを貼ったり、他県ナンバーの車にいたずらしたり、これはもう、ストレスと不安感にとらわれて「個」を見失った典型例でしょう。

最終的に「自分を守るのは自分」。そう考えるなら、誰かにいわれたことをなんとなく信じたり、無邪気に文句をいったりする前に、別のプランを自分のなかで用意しておくことのほうがよほど重要ではないでしょうか。

与えられるものに対して文句をいうのが、まるで当然の権利であるかのように振る舞うのではなく、常に自分にこう問いかけてほしい。

自分にはなにができるのか。
わたしなら、どのように他者に貢献できるのか。

あくまでも、まず自分というものがあり、「個」のものさしを基準に、いかに行動していくのか――。

他人の視点は、自分が持っていない価値観に触れるためのヒントになるので、そこから学ぶのは大事なことでもある。でも、それだけを判断基準にしてしまうと、結局は、自分の人生を生きることはできなくなってしまいます。

もっとも大事にしなければならないのは、「自分のものさし」を基準にして、よりよく「Transform（変化）」していくことなのです。

テクノロジーの力を最大限に借りる

新型コロナウイルスの流行のなかでは、農業や漁業をはじめとする生産者たちの苦境が話題となりました。飲食業や観光業がすべて休業したことで、大量に商品を卸していた取引先が機能しなくなってしまったからです。

そんなときに効果を発揮したのが、中間業者を経由せずに消費者が直《じか》に商品を買い取れる仕組みでした。僕の知人に、「食べチョク」という産直ネット通販を展開するビビッドガーデンの秋元里奈《あきもとりな》さんがいますが、彼女は行き場を失った一次産品に対して、すぐさまサポートに乗り出しました。

その結果、フードロスがなくなって生産者は利益を得ることができ、消費者も、ふだんあまり口にしないような高級食材をお手頃価格で入手できました。サービスを開始するためのコストはかなりかかったものの、なんとか回収の目処《めど》がついたと聞いています。

この話のポイントは、「食べチョク」を活用した農家が、なにも特別な能力を持っていたわけではないことにあります。ただ、「テクノロジーを使うことを知っていた」だけだという点です。もっというと、こんな表現ができそうです。

「助けの求め方」を知っていた。

生産者がＩＴに詳しかったわけではなく、たまたまＩＴの力を使うベンチャー企業と知り合いだった。または、その仕組みを使う判断をしたという点が重要なのです。

このように、**人に対して「助けて」と発信し、誰かを堂々と頼る判断ができることが、これからの世の中では絶対的に必要なスキルであり、姿勢**となるでしょう。

なにもかも自分でやる必要はないし、もはや苦手なことを無理して伸ばす必要がない世の中になりました。あなたが苦手な部分を補ってくれる人は、世の中にはたくさんいる。そして、彼ら彼女らとは、本当に簡単につながることができる。

つまり、仕事をみんなで分業すればいいのです。大事なポイントは、世の中に様々なテクノロジーがあることを認識しておくこと。完全に理解して身につけるレベルまでいかなくても、認識しておけば十分です。そして、活用するタイミングでは人の助けを借りて、最大限に活用すればいい。

また、常日頃から、自分の仕事やつくり出したい価値に対して、「こんなことはできるのかな?」と、質問や情報を発信するクセをつけておくことも大事なことです。そうすると、より手助けしてもらいやすくなるはずです。

たとえ、そのとき世の中に適切なサービスがなかったとしても、あなたの情報発信によってビジネスを考える人が現れるかもしれません。その意味では、僕は情報の発信自体が、価値創造の重要なプロセスだととらえています。

■素直に、情熱的に、ストレートに売り込む

自分が得意なことを発信するだけでなく、自分ができないことを伝えるのが重要だと書きました。むしろ、できないことを持った自分こそが、「化学反応を起こすためのきっかけ」になれると思えるかどうか。そう信じて、行動できるかどうかがとても大切です。

だからこそ、苦手なことは苦手という。

これまで、会社や社会のなかには、なんとなく「苦手」を許さないような風潮がありました。つまり、なんでも一通りこなせるということこそ、価値が高いと考えられていたわけです。

その考え方の結果として、日本企業では「ジェネラリスト」と呼ばれる、いわゆる「なんでもできる」人をつくりたがる風潮が長らく存在しました（いまも歴然とあるのかもしれませんが）。要は、「社内の誰と入れ替えても仕事が回る」状態を目指すあ

り方が主流だったのです。

そういった考え方の経営の結果として、意味がない人事異動や地方への転勤が、ある会社ではいまだ頻繁に行われているようです。ここであえて「意味がない」と書いたのは、せっかく磨いてきた「個」のキャリアを、いったんすべてリセットしてしまうという側面があるからです。

ある面の適性が認められ、そのスキルを高度に磨いていたとしても、転勤や異動によってあっさりとゼロ近辺に戻されてしまう。場合によっては、不得意な領域の仕事にアサインされて、強いストレスを感じることもあるかもしれません。

これは、日本経済が右肩上がりで成長している時代――すなわち、会社が社員を一生守ってくれる時代には機能したかもしれませんが、現在ではまったく意味のないキャリアパスです。

新型のウイルスが流行しただけで、企業の業績がこれだけ崩れ去るのだから、多くの事業基盤が一生を預けられるほど強固ではないのはあきらかなこと。そんなご時世に、会社や組織が「個」のキャリアを意のままにリセットするなんて、めちゃくちゃな話だと思いませんか?

繰り返しになりますが、自分が持っているものが完全である必要などありません。必要なのは、「できないことをアウトソーシングする」マインドセットです。

これについては第3章で掘り下げますが、今後は「個」と「個」が有機的につながって、協働してなにかを生み出すあり方が重要なポイントになります。自分が苦手なことは人に任せ、自分が得意なことや好きなことを磨いていくのが重要なのです。

もしかしたら、そんな時代には、むしろ〝不完全〟であるほうが、人材としても魅力的かもしれません。

たとえ細部が詰まっていなくても、粗いアイデアや稚拙《ちせつ》に見える考え方でも、実はイノベーションの核となる可能性を秘めています。また、それらを発信するための方法も数多く存在しています。

脳内に浮かぶイメージを妄想で終わらせるのではなく、それを本当に実現できる世の中になっている。

自分のやりたいことを素直に、情熱的に、ストレートに売り込んでいく姿勢が、これから求められていくでしょう。

■売り込む相手を本気で想う

自分の「本質」は、あくまで自分で定義し、言語化するものだと述べてきました。ただ、自分ですべてを言語化するのがむずかしいときは、言語化までも含めて人の助けを借りて、分業すればいいとすら考えています。

いざ自分を言語化するといっても、まわりからのフィードバックがなければ、客観的な情報が得られずむずかしい場合もあるでしょう。また、最終的には、相手に伝えるために言語化するわけで、「伝わるかどうか」を、やはり実際に相手と話して検証することも求められます。

そのためには、メンター（指導者）になってくれるような人を探し、とにかく自分について話をして、言語化レベルを認識することをおすすめします。世の中にはそのためのプロもいるので、そんな人たちの力を借りるのもありです。

僕自身がよく行うのは、自分を信頼してくれている人に話しかけて、自分の思考を構築・検証することです。これは「壁打ち」という手法で、自分の考えやアイデアが、世の中に通用する言葉に落とし込めているかどうかを確かめられるものです。

その壁打ちでは、相手からの具体的なアドバイスや修正するアイデアをもらうのではなく、「いまの話はちょっとわかりづらい」「その結論はなんだかぼんやりしている」というように、あくまでもフィードバックをもらうだけ。つまり、誰かに「壁」になってもらうことで、その場で自分の言語化のレベルに気づけるということです。相手に自分を「売り込む（＝伝える）」ためには、そんなエクササイズもより重要になると感じています。

自分を売り込むというと、セールスなどのイメージが強いかもしれません。でも、相談を持ちかけたり、協業を提案したりするのも「売り込み」だととらえてみてください。対立軸で仕事をするのではなく、お互いに提供し合える価値の交換によって、より大きな価値を見出していく。そんなときに大切なマインドがあります。

本気で相手の役に立とうとしているか。

つまり、相手のことをどれだけ本気で「想って」いるのかということですね。ふだんの仕事のなかで、どれだけ相手のために価値を提供できるのか。そんな仕事に、自分の24時間のうちどれだけを割りあてられるのか。

こうした要素を突き詰めることが、自分を「売り込む」際に重要となるでしょう。

■「正しさ」では人は動かない

本気で人の役に立とうと考えると、売り込む相手に、自分の「正しさ」を押しつけることがなくなります。

先に書きましたが、「正しさ」の押しつけは、本当に危険だと思います。一般的に「正しい」とされていることに従って生きるのが、果たして自分にとって豊かな人生につながるかというと、かなり微妙だと感じざるを得ません。

それこそ、先のビビッドガーデンは、既存の一次産品流通の「正しさ」という観点からすると、異質といえるでしょう。それまで農家は、つくったものをJAに渡し、そこに構築されているシステムで流通させ利益を得るのが、一般的なオペレーションだったからです。

しかし、「食べチョク」というサービスは、生産者から直接消費者に商品を届けました。果たして、それは誰にとって迷惑だったのか？　僕は、少なくとも農家の存続に貢献し、救われた人たちや幸せな気持ちを感じた消費者がたくさんいたことは、とてもいいことだったと考えています。

つまり、これもまた「正しさ」のひとつの現れなのです。既存の「正しさ」が、状況によっては、必ずしも盤石ではないことをあきらかにしました。もちろん、ビビッドガーデンの秋元さんは、単なる思いつきでやったわけではありません。彼女には2019年の台風被害の際に、生産者を十分にサポートできなかった忸怩《じくじ》たる思いがあり、今回は本気で助けたいと気合いを入れたそうです。

経営者としてマーケットをにらみつつ、大切な生産者と消費者に対し、ピンチにおいて「自分ができる限りのこと」をやったのでした。

一般的に正しいとされることと、自分の人生を豊かにするための判断は、実際のところ相関関係はほとんどありません。これは僕が長年携わってきたプレゼンテーションについてもいえることだし、広くビジネス全般にも通じます。

正しいことをいえば相手が動くとは限らないし、正しさは人の価値観によってまったく変わる。

ひとつの価値観にこだわるのではなく、「その時点でのベストはなにか」を考えて行動する。自分が貢献したいと思う人にとってのベストなことをどこまでも真剣に考える。そして、その想いを発信する。

そんな「想いの交換」こそが、これからのビジネスでは重要になるし、「個」の人生の豊かさにもつながっていくのだと思います。

■ 本物の「脱マニュアル化」が進んでいく

僕は以前より、ことあるごとに「プレゼンテーションはプレゼントだ」といってきました。

多くの人がプレゼンテーションに自信を持つことができないのは、聞き手に対して深く興味を持てていないために、プレゼンテーションが終わったあと、聞き手に「どんな状態になってほしいのか」を深く突き詰められていないからだと考えています。

プレゼントというのは、相手があってこそ成り立つものです。相手にとっての「メリット」や相手に「持って帰ってほしいもの」を考え、それを逆算して設計するからこそ、相手に伝わるプレゼンテーションになるのです。

相手にプレゼントをする。大切な誰かに贈り物を贈る。僕はなにかのメッセージを伝えるときには、その気持ちをなにより大切にしてきたつもりです。

そして、最近では、このマインドセットの重要性がますます強くなっているようです。なぜなら、いまの時代にもっとも必要で、かつ求められているものは、「個」一人ひとりにとってのよろこびや楽しさであり、自由や解放感を感じられる「体験」だからです。

その意味では、特定の価値観をただ説明するだけのプレゼンテーションや情報発信は、対極にあるようなものではないでしょうか。「これが正しい考え方です！」と押しつけるものや、「これさえやればすべてうまくいく！」といった方法論は、早晩に存在感を失っていくにちがいありません。

そうではなく、「個」がそれぞれの幸せを追い求めることを真剣に応援するような、そんなプレゼンテーションや情報発信が支持されるようになるはず。

本物の「脱マニュアル化」が進んでいく。

そんな言葉をより多くの人たちに届けられる人が、今後は支持を集めていくと見ています。

実はいま、様々な分野で活躍する人物がプレゼンテーションを行う大規模な世界的講演会「TED Conference」や、そのTEDからライセンスを受け、世界各地で発足しているコミュニティー「TEDx」などでは、この流れを裏づけるようなスピーカーが次々と登場しています。ユニークな体験をした人や、多くの人に追体験したいと感じさせる人たちがどんどん現れ、まさに「体験」の共有に支持が集まっているのです。

かつては、講演会などのスピーカーの価値をもっとも強く定義していたのは「肩書き」でした。どこの大学を出ているのか、どこの企業に勤めているのか、どんなポジションを得ているのか、どんな資格を持っているのか……。そんなちっぽけなものが〝黄金のチケット〟となり、それを持つ人だけが発言できる状態でした。たとえ専門技能を持っていても、その領域においてトップと見なされた人だけが情報発信を許されるような風潮もありました。

しかし、いまはちがいます。どんな人でもSNSやブログやオープンなコミュニティーなど、自分の情報の発信先を選ぶことができます。そこには、とても意欲的でポジティブな人たちが集まっています。

自分の「個」を開示し、自己成長を果たしながら、他人の成長も応援し合う。

そんなフェアネスに満ちた、魅力ある場所が次々と生まれています。

■汝自身を知れ

多様な人たちが集まる場所が増えるなかで、より多くのポジティブな人たちと関わっていくために、ここで最低限押さえておきたいコミュニケーションの鉄則を確認しておきましょう。

まず、コミュニケーションでもっとも大切なのは、「相手が安心すること」「相手が好感を持つこと」だと考えています。そのための具体的な行動はこれに尽きます。

相手に笑顔を見せる。

「なんだ、そんなことか」という人もいるかもしれませんが、これが簡単なようでむずかしい。とりわけ、自分の笑顔を録画するとわかりますが、案外、目だけ笑っていなかったり、表情が硬かったりする場合がとても多いのです。

よく鏡の前で笑顔の練習をしたり、スマートフォンで撮影して分析したりすることもすすめられます。もちろん、笑顔の練習自体はいいのですが、押さえておきたいのは、「どの表情筋を動かすと、どんな笑顔になるのか」を、きちんと言語化しておくことです。

実は、スマートフォンで自分の笑顔を見るときは、わざわざ笑顔になろうとするから、笑顔をつくれている面があります。そうして、「自分はいつだって笑顔をつくれる」と思い込んでしまうのです。

でも、ここが盲点ですが、実際に誰かに笑顔を見せるときは、鏡もスマートフォンもそこにはありません。つまり、自分がどのように笑っているかをチェックできないのです。すると、家で練習した笑顔を頭で思い出して、曖昧な記憶だけで笑顔をつくることになる。そうして自分でもほとんど意識しないうちに、引きつった笑顔になってしまうわけです。

そこで、効果的なトレーニングとしては、まずスマートフォンの表画面側についているインカメラで自分の笑顔を写してみてください。そのあと、反対側のアウトカメラでまた笑顔を撮影し、ふたつを比べてみます。

すると、インカメラとアウトカメラの表情のちがいで、どの表情筋を動かせているのかいないのか、そのちがいがはっきりと認識できます。インカメラで笑顔になれるのは、実はあたりまえ。自分の表情が見えないアウトカメラで、最高の笑顔をつくれることが重要です。

もうひとつ、コミュニケーションにおいて、絶対にやってはいけないことも確認しておきましょう。

相手に恥をかかせること。

どんな人であれ、「恥をかかされた……」と感じた時点で、そのあとなにをいわれても、すべての言葉をシャットアウトし、耳を貸さなくなるでしょう。

相手に恥をかかせないことは、つまるところ、相手との「信頼関係」を築くということです。ちまたには、コミュニケーション能力を上げるためのいろいろなテクニックがありますが、僕はなににも増して、相手との信頼関係が大切だと考えています。

では、どうすれば相手と信頼関係を築く力を身につけられるのでしょうか？

その方法は、よきモデルを発見することに尽きます。仕事でもプライベートでも、みなさんのまわりには自分が信頼できる人が何人かはいるはず。その人たちを、徹底的に分析してみればいいのです。

- **この人と話していると、なぜ快適なのだろう？**
- **どうしてこの人と「もっと話したい」と思うのだろう？**

そんな人をあえて意識的に観察するのです。同時に、「どうも信頼できない」という人がいれば、同じように分析するといいと思います。

ちなみに、在宅ワークによってウェブ会議ツールを使う機会が増えたいまは、観察・分析するという意味では、最適な環境といえるかもしれません。ウェブ会議ツールでは録画するのはふつうなので、何度も繰り返し見ることができるデータは、コミュニケーション能力を高めるための最適な教材になり得ます。

よろこびに満ちた「体験の共有」に時間を使おう

僕たちにもっとも必要なものは、「個」一人ひとりにとってのよろこびや楽しさを感じられる「体験」だと書きました。体験を共有するには、やはり同じ時間と空間をともにすることが、最良の状態にはちがいありません。リアルに人と会って、会話を交わすのが、いかに価値があることなのか、コロナショックを機に、多くの人が思い知らされたはずです。

僕にとっても、「会って話をしたいな」「同じ店でごはんを食べたいな」と思える人が、自分の人生にとって重要であり、なるべく時間をともに過ごしたい対象であることがよくわかりました。

体験を共有したい相手こそが、人生の時間を使う相手。

もちろん、オンラインでも体験の共有は可能です。1対1でなにかの情報を交換し、笑顔を交わしながら会話をするのであれば、いまのテクノロジーでできることは相当多いと思います。回線を切ったあとも、頭のなかで幸せな時間がしばらく続くときなどは、「オンラインでできることはたくさんあるんだな」と実感します。

ただ、たとえばレストランで一緒に食事をしたあとに、「あのとき食べた料理は美味しかったよね」とか、「あのとき隣にいたカップルはどうなったのかな?」というような、五感に訴えかける体験は、どうしても同じ時間と空間を共有したゆえのものという気がします。

いま在宅ワークの時間が増えて残念に思うのは、雑談がなくなったことです。それこそ、社内でたまたま出くわした人と雑談するなかで、視野が広がったりビジネスの新しいヒントを得たりすることは少なくありません。

そこで、僕は在宅ワークでも雑談をしています。オンラインミーティングのコミュニケーションツールを使って、週1回1時間、僕が必ずいる部屋をつくり、仕事のチームメンバーに「雑談をしたくなったらコーヒーを片手に来てね」と呼びかけました。もちろん、時間を決めてわざわざ開くので、本来の雑談とは質がちがいますが、このように学びや体験の場を意識的に設けるのもいいでしょう。

同じ時間、同じ場所にいることでしか得られないものがあります。同じ匂いを嗅いだり、同じ風を受けたり、同じ空を眺めたり。ともに笑い合い、ともに語り合って得られるものもあります。そんな体験こそが、僕たちが幸せに生きるためには必要なのです。

そして、できるなら、そんな体験を多くの人と共有できればもっとハッピーな世の中になるだろうし、僕自身もみなさんの体験をもっと知りたいと思っています。

多様な「個」を狭い枠に閉じ込めるようなルールや価値観は、もう機能しない世の中になりました。肩書きなんてちっぽけなものは、どうだっていい。

第2章
常にアップデートする
——あなたはいつだって変わっていける——
Transform

僕たちはもっと人を思いやり、お互いに支え合って、オープンに生きていい。

あなたがいま、世の中に広く「売り込む（＝伝える）」のは、本当の「Being（ありたい自分）」。

あなたは、いまの自分からもっと「Transform（変化）」できます。あなたのリアルな体験をより多くの人たちと共有すれば、これからますます活躍の場を広げることができます。

固定化された価値観にとらわれず、自分をアップデートし続けられる人が、幸せな人生を歩む——。

あなたは、いつだって変わっていけるのです。

第3章

「個」として協働する

――コミュニティー化が世界を救う――

Collaborate

コミュニケーションにフォーカスすると、これまでは会社などに特化したコミュニケーションが重視されてきました。しかし、今後はみなさんがプライベートで行っているような、ともに手助けや応援をしながら、「個」が有機的につながり合うスタイルが主流になるはずです。多様なコミュニケーションが行われる場所に、「個」として参加し、幸せで満足できる人生をつくるための手がかりをともに探っていきましょう。

情報発信のあり方が、いま変わりつつある

「情報発信のあり方が変わる」

これまでも至るところで言われ続けてきたことです。

かつては権威を認められた「許されし者」だけが、限られたメディアをとおして情報を発信していました。そこでは、ある程度平穏な社会を背景に、既存の枠組みを前提にして情報発信ができました。

しかし、現在はあるひとつの情報が、場合によって特定の組織を一撃でつぶしてしまうことが十分起こり得るし、悪意ある風評や誹謗中傷《ひぼうちゅうしょう》、情報の炎上によって打撃を被ることもあります。それはなぜでしょうか？

全世界の多くの人が、情報を発信する力を持ったから。

現在では、ほぼすべての人が情報の発信者といえます。そのため、情報というものの位置づけがまったく変わりました。真実であれフェイクであれ、誰もが気軽に情報

を発信できるため、これまで盤石とされてきた会社や組織の持続性が、まったく保証されない状態になっているのです。

もちろん、情報発信のチャンネルが莫大に増えたことは以前から起きていた現象です。ただ、コロナショックを経たいま、実に多くの人が象徴的なかたちで、自分たちがよって立つ土台がとても不安定なことを実感したのではないでしょうか。

情報に関するもうひとつの大きな変化は、あらゆる情報が手に入りやすくなった結果、人々が情報に飽きるスピードが早まったことです。情報にとどまらず、ありとあらゆる体験が過多になっているといってもいいでしょう。

動画コンテンツ「DID YOU KNOW?」によると、**人類誕生から今日に至るまでを24時間とした場合、全情報の90%は最後の2秒で生まれた**そうです。ほかにも、2015年時点で**世界に存在した全データの90%が直近2年以内（2014〜2015年）に生成されていた**とするIBMの推計もあります。

つまり、あらゆる情報がデータとして共有可能な状態になり続けていて、その拡散スピードが指数関数的に増しているということです。そこで、情報についてもこのようにマインドセットを変えていく必要があります。

「どの情報を扱うか」を自分で取捨選択する。

情報の発信や収集においては、まずその「あり方」が変わっていることを、前提条件として理解しておくことが大切です。

■「誰かを幸せにする」情報発信を心がける

誰もが手軽に情報発信ができるようになった反面、誰もが自分の情報発信に責任を持たなければならない状況になりました。そんなときに、今後、重要になる行動様式だと考えているのがこれです。

「個」として、誰かを「幸せにする」情報発信を心がける。

第3章

「個」として協働する

――コミュニティー化が世界を救う――

Collaborate

いまは、なんの気なしにしたツイートが、自分の社会的な立場を根こそぎ奪うことすらあります。情報発信が手軽になったぶん、リスクがかなり伴うものになったのです。にもかかわらず、情報発信のリテラシーについて、多くの人がまだまだ成熟していないのはちょっと問題です。みなさんのなかにも、SNSなどに流れるネガティブな言葉に触れて嫌な気分になった人もたくさんいるでしょう。

実は、僕は最近まで、そんなネガティブな発信に対してある実験をしていました。あえて意図的に片っ端から噛みついてみたり、まったくちがう意見を提示したりして、その人たちの性質や傾向を分析しようと思ったのです。

でも、結局はバカバカしくなってやめてしまいました。なぜなら、ネガティブな意見は、本人が自覚してやめない限り、他人がどうこういって変わるものではないと知ったからです。

たとえば、多くの人が政策や政治の話をしますが、「政策に100点満点があると思っているのかな?」と感じる意見がたくさんあります。政策なんて、当たりもあればハズレもある。なのに、「この政策はおかしいからあの政権を倒せ!」と急にキレ出すのを見ると、「打率10割を求めるの?」「この人は失敗しない人生を歩んでいるの？」と思ってしまうのです。

　そんな意見に触れていると、こちらもネガティブになってしまうし、それに対して意見をいおうものなら、ただのけんかみたいな状態になって自分の心が汚れてしまう。そこで最近は、多くの人が喧々《けんけん》囂々《ごうごう》と意見を交わしている場所に、あまり近づかないようにしています。「あえてここで意見を発信する必要はない」と感じたら、情報発信そのものをやめている領域がいくつかあります。

　そして、ＳＮＳにネガティブな意見が流れてきたら、即ミュートかブロックします。その行為に対して、「反対意見が入らないと視野が狭くなる」と指摘する人もいますが、世の中に反対意見があることなんて、わざわざＳＮＳで体験する必要はありません。

　様々な意見があるのは、世界中のニュースを見ていれば十分に理解できます。自分と意見がちがっていても、一次情報として知っておく必要のあるものにだけ、目をとおしておけばいいという考えです。

　情報発信には責任が伴います。それでも、なにかの価値を発信すると味方や仲間が増えるので、ポジティブな情報発信はどんどんしたほうがいいでしょう。だからこそ、「誰かを幸せにする」情報を発信するマインドセットが大切になる。

誰かを幸せにしようと思えば、自ずとそれはポジティブな情報になるはずです。どんな考え方も行動様式も、他人を100%納得させることはあり得ないのだから、なにかいってくる人がいたら、もういわせておくしかありません。

そのようにとらえて、自分にとって不要な情報をさらっと流していくのも、人生の貴重な時間を無駄にせず、面白く生きていくために必要な態度です。

コミュニティーという「個のエコシステム」

誰かを幸せにする情報発信を応援してくれる場所として、僕はいま、多くの場所で生まれつつある「コミュニティー」に注目しています。

かつては、ある完成されたシステムに、自分という「個」を合わせて入っていくコミュニティーが大半でした。多くの場合、それは会社や住む地域の周辺にあり、とくにたいていの男性たちにとっては、会社が絶対的なコミュニティーである時代が長く続きました。でも、そんな状態のままリタイアすると、そのあとけっこうさびしい人生が待っていることは、もはや共通認識になりつつあります。

僕自身、いまの時代は、自ら積極的にコミュニティーを探して参加していくのがいいと考えています。常に向こう側から「入ってください」と誘われるわけではないので、自分から情報を発信していくのが早道です。自分ができる範囲のアウトプットをすれば、それに反応する人たちが現れて、その人たちが属するコミュニティーとのつながりが生まれるでしょう。

幸いなことに、僕もいろいろなコミュニティーに参加させてもらっています。自分自身のオンラインサロン「自分コンテンツ化プロジェクトルーム」は、僕のコミュニティー活動の中心になっています。また、ソーシャル経済メディア「NewsPicks」や、ボイスメディア「Voicy」のコミュニティーをはじめ、先に書いた「ハイブリッドサラリーマンズクラブ」や、スタートアップ界隈で属しているコミュニティーも複数あります。また、妻が属するコミュニティーにも積極的に参加します。

なぜ、そんなに多くのコミュニティーに入っているのか？

第3章

「個」として協働する
——コミュニティー化が世界を救う——

Collaborate

いろいろな場所で自分の価値を提供できるから。

僕は、**多様な価値観を持つ人たちが、共通するプロトコル（手続き・約束ごと）のもとに緩やかなかたちで集まる場所を、コミュニティーととらえています。**役割分担が緩やかなので、自分が持つ価値を比較的自由に提供しながら、誰かを幸せにできる場所だと思っています。

そうして情報を発信する先を複数持っておくと、自動的に多様なコミュニティーに関わることができる。

インフラという意味でいえば、コミュニティーのような「個」と「個」を結ぶエコシステムは、いまや数多く存在します。距離が離れていても、ネットを経由して「個」と「個」はつながれるし、それぞれの場所で価値を提供したり、価値を交換したりすることも簡単にできる状態になっています。

SNSのタグやグループなどは全体的にコミュニティーといえるし、オンラインサロンの熱も高まっている。それをきっかけに、リアルなコミュニティーが生まれる場合も珍しくありません。コミュニティー内部ではもちろん、異なるコミュニティー同士がつながり合うなど、社会に新たな「個」のエコシステムが生まれつつあるのです。

■安心してアウトプットできる場所か？

今後はそんな有機的なエコシステムに、「個」が積極的に関わっていくことがとても重要になるでしょう。自分が持っている思いやアイデアやスキルを、コミュニティーというインフラを使って発信し、他人の思いも受け止めて自分の糧に変えていく――。

新たなインフラをつくる必要もなく、すでに仕組みは揃っています。あとは発信者と、それに反応できるマインドセットを持った人たちが増えていけばいい。このエコシステムが発展していくと、僕はかなり素敵な世の中になる気がしています。

これらのコミュニティーでは、メンバーそれぞれの自主性が重要なポイントになります。誰かがなにかをしてくれるのを待つような人ばかりでは、コミュニティーはうまく機能しません。メンバーそれぞれが、緩やかなマインドを持ちながら、自らの価値を提供しようとする自主性こそが必要なのです。

それに関して、オンラインサロンの世界では、「自走性《じそうせい》」という言い方がされます。

「自走性」が意味するのは、参加者が「自分で走ることができる」状態になること。僕のオンラインサロンでも、メンバーの判断で分科会などが立ち上がるようになっていて、主催者である僕は、号令をかけるだけの状態になるときもあります。

僕だけでなく、ほかのメンバーが積極的に情報発信をする姿を見て、「わたしもやっていいんだ」と精神的なハードルがどんどん下がっていきます。そうなると、まだ自らあまり発信していなかった人たちも、「次は自分もやろう！」と勇気を出して参加できるようになっていく好循環が生まれます。

自分が発信したいことは、「心理的安全性」が担保できる場所で発信していくのがとても大切なこと。つまり、こういうことです。

安心してアウトプットできる場所を持つ人が、これからは成長する。

とくに日本の大企業では、発言する権利のチケット枚数が、肩書きや階層、勤続年数によって決まる面が多々あるようです。実際に、新卒1年目の社員に、20年、30年目の社員とまったく同じチケットが回ってくるでしょうか？

しかし、**本当に素晴らしいコミュニティーでは、メンバーそれぞれの立場が完全にフラットな状態で、お互いを尊重できる関係性があります。**そして、そんな心理的安全性が担保されたなかで、誰もが自由にアウトプットできるようになると、自ずと「Being（ありたい自分）」を開示できるようにもなります。

そんなコミュニティーがいくつもあれば、必要に応じて、自然なかたちで複数のコミュニティーに属することができるのではないでしょうか。

加えて、僕は仕事や「働き方」についても、同じようなかたちで変わっていくと見ています。

特定の組織や場所でしか価値を提供できない人は、これから厳しいかもしれない。

もはや、会社にコミットさえしていれば一生安泰だとは、とてもいえない状態になりました。そう考えると、やはりいくつもの場所で「仕事（価値提供）」ができる状態をつくっている人が、今後は価値を生み出していくでしょう。

しかも、**提供できる価値が、複数のコミュニティーで証明できていると、仕事量の増減や割合を、自らコントロールできる**ようにもなります。ひとつの場所に依存して働かなくても、複業や貢献というかたちで、「個」それぞれが自由に活動できる。

そんな世の中になってくると、みんながもっと健全に働けるだろうし、より幸せになれるとワクワクしませんか？

自分でコミュニティーをつくると面白い

自分が心理的な安全性を保てる場所を探しながら、思いきって自分でコミュニティーをつくってしまうのも、もちろんありです。自分自身がコミュニティーの一部としてうまく機能するように注意して運営すれば、そこに参加するメンバーの心理的安全性は十分に担保できるでしょう。

そのとき大切になる要素が、第1章でも書いた「自己開示」です。

自分がいま夢中になっていることを素直に伝える。
苦手なことは堂々と助けを求める。
欠点を含めて自分自身をさらけ出していく。

そんな人にこそ、人は得もいわれぬ魅力を感じ、引き寄せられるものなのです。

そのため、コミュニティーは、基本的にオープンにしておくことも必要です。なにしろ世界はインターネットによってすでにつながっているので、運営上の問題がない限り、わざわざクローズドにする意味はさほどありません。

逆にいまは、価値観が多様化し、情報に飽きるスピードも増しているため、相当ニッチな層を狙うなら別ですが、特定の層に的を絞った戦略がむずかしい面があります。むしろオープンにして、多様な人たちがいつでも入ってこられる状態にしておくのが、強いコミュニティーの条件になるでしょう。

もちろん、すべてのコミュニティーが、ここに書いたようなスタイルでなければならないという意味ではありません。ちなみに僕は、以前、格闘技の社内コミュニティーも運営していました。このときは一アマチュア格闘家としての自分であり、立場なんてまったく関係なし。新入社員が僕に重いパンチを打ち込んできたのも、ある意味でフラットな関係性だったのかなと感じます。

たしかに、趣味のように立脚点がひとつしかないコミュニティーだと、広がりを持たせるのはむずかしいかもしれません。ただ、映画『釣りバカ日誌』の万年ヒラ社員ハマちゃんのように、釣りというタグで社長ともつながれるコミュニティーは、それはそれで人生を面白くしてくれます。その意味では、最初は趣味のコミュニティーを立ち上げることからはじめるのもいいと思います。

いずれにせよ、コミュニティーにとって大切なのは、多様性に対して「寛容」であること。のちにも触れますが、**他者に「寛容」であればあるほど、そのコミュニティーがうまく機能する確率が上がる**と僕は考えています。

コミュニティー化しない会社は生き残れない

僕は、既存の会社もまた、かなりの程度「コミュニティー化」しなければ、生き残れない時代が来ていると見ています。

会社というものは、特定のミッションを完遂するために存在しますが、そもそも存続させることがひとつの目的です。社員を雇用しそれらの人たちの生活を支えることもそうですが、株主や取引先も存在するため、ピンチにおちいったからといってすぐに「つぶれました、清算します」というわけにはいきません。

これからの時代の経営者は、かなり頭を使わなければなりません。なぜなら、価値観の変化のスピードがあまりに早く、これまでのような軍隊型の縦割り組織でひとつのミッションに対して突き進んでいても、世の中のニーズが急変すればまったく対処できなくなる可能性があるからです。

社員についても、これまではいちど雇ったら就業規則でがっちりと縛り、ひとつの価値観を徹底的にインストールして、「それ以外のことはしてはダメだよ」というふうに教育してきました。代わりに、長く面倒を見てもらえる仕組みが一応機能し、社員もそれなりに豊かな人生を歩むこともできました。

しかし、いまや飛ぶ鳥を落とす勢いがあった会社ですら、新型コロナウイルスの流行で、業績がガタガタになっています。

なにも、僕は旧来型の大企業だけを指していっているのではありません。たとえば、ユニコーン企業と呼ばれて称賛されていた宿泊施設・民泊のソーシャルネットワーキングサービスAirbnbですら、約25%のレイオフ（解雇）を実行しました。まさか全世界の人が、同時に旅行ができなくなるなんて、そうそう予想できない事態です。パンデミックに関しては、ビル・ゲイツをはじめすでに警告を発していた識者たちもいましたが、人類は見事にそれを聞き流し、いま手痛い目にあっているわけです。

勢いがあって、イノベーティブで、固定資産も抱えず、事業環境の変化に対して強いと思われていたAirbnbですら、レイオフせざるを得ない状況になってしまった。つまり、**盤石な会社などもうどこにも存在しない**ことが証明されています。

逆にいうと、**これからは会社自体をコミュニティー化し、社内はもちろん、外部にも緩やかなつながりをたくさん持っておくことが必要**になる。そうすれば、事業環境が急変したときにも、必要なモノや優秀な人材を素早く招き入れやすくなるでしょう。

そんなエコシステムを保っていれば、ひとつの事業が傾いても、すぐさまほかの事業に注力することができます。専門的なスキルを持つ人材がほしければ、外部につながっているコミュニティーから探し出し、報酬と引き替えにコミットしてもらうことで、スムーズな流れが生み出せるかもしれません。

そんな会社は、一見、事業の土台ががっちり安定しているように見えないかもしれませんが、そもそも不安定な状態にある社会において、コミュニティー化されている会社は、リスクに対してむしろ強い耐性を持つはずです。

■ 時間とエネルギーを注ぐ「選択肢」を持つ

僕自身は、長年サラリーマンとして働いてきましたし、社会貢献の仕組みとして、会社というシステムは便利かつ役に立つものだと考えています。事実、会社員として働くことで、社会に対しても多大な貢献ができます。

ただ、ぜひ知っておいてほしいのは、会社の外で複数のコミュニティーに属しながら「個」として貢献したりそれをマネタイズしたりすることも、これからはどんどん必要になってくるということです。

実際問題として、自分が属する会社でしか稼げなければ、その会社がつぶれたら干からびるしかありません。でもそのとき、自分の時間やなにかに打ち込む情熱、エネルギーを、複数のものに分散していればどうでしょうか。

「メインのA社には人生の30%くらいを費やして、B社には10%、Cコミュニティーには30%、残りは自分の人生を楽しむために取っておこう……」

そんなイメージで**自分なりに時間とエネルギーを分散しておくと、いざ災難が起きたときにも、すぐに「Transform（変化）」できる**状態になります。

これは、以前からシリコンバレーではスタンダードな考え方で、僕があるとき参加したミートアップ（交流会）でも、ある参加者が自己紹介したときに、こんな質問をされていたのをよく覚えています。

「その仕事には、どのくらいの時間コミットしているの？」

ここでのポイントは、「どこの会社で働いているの?」という質問ではないというところにある。ある仕事に関して、「あなたはそれに自分の時間をどのくらい費やしているの?」という質問が、パーティーなどでふつうに共有されているのです。

つまり、**「個」がそれぞれのスペシャリティーを活かして、様々なコミュニティーで価値を提供し、場合によってお金に換えていくことが、エコシステムとして社会にできあがっている**わけです。

こんなことが、日本でももっとできるようになれば、たったひとつの場所に所属して働くという一択ではなく、「個」の選択肢が増えて、仮に不況になってもそれほど動揺しなくてもいい状態がつくれるのではないかと思います。

たとえ会社を辞めたとしても、コミュニティー経由で別の会社に所属してもいいし、完全にフリーランスとして、コミュニティーを主戦場に変えてもいいかもしれない。リスクヘッジしながら、「個」としての豊かな人生をつくりやすくなるでしょう。

第3章

「個」として協働する

――コミュニティー化が世界を救う――

Collaborate

「個」として与え、他者とコラボレートする

そう考えると、立ち戻る場所は、またも「Being（ありたい自分）」です。特定のシステムにいちいち自分を合わせていたら、いつまでたってもそれに振り回される人生になってしまいます。

そして、そこからもう一歩進んでみましょう。

自分自身がエコシステムの中心になってしまえばいい。

明確な「個」が自分のなかで確立（言語化）されていれば、自分であり続けると同時に、「他人に対してどんな貢献ができるのか」と、考えを具体的に発展させることができるはずです。

アメリカの心理学者であるアダム・グラントは、著書『GIVE&TAKE「与える人」こそ成功する時代』のなかで、人の特性を次の3つに分類しています。

1　**与える人（ギバー）**
2　**受け取る人（テイカー）**
3　**帳尻を合わせる人（マッチャー）**

1のギバーは、惜しみなく与える人を指します。自分を犠牲にしてまで他人に尽くす「自己犠牲型」と、相手によって関わり方を変える「他者志向型」があります。

2のテイカーは、なにより自分の利益を優先させる人。自分が常に、もっとも多く得るように振る舞います。

3のマッチャーは、自分が与える量と受け取る量のバランス（損得）を考える人です。人によって関わり方を変え、相手がギバーならギバーとして、相手がテイカーならテイカーとして振る舞います。

以上の3分類を示したうえで、グラントは1のギバーがもっとも成功すると主張しました。人に与えることを嫌がらず、むしろ積極的に行うことで、その反応として、結果的にギバーのもとに貴重な人や情報が集まってくる。そうして人気者になったり、モノやお金が集まって事業が大きく成長したりするというのです。

なにかに貢献しようとする人のもとに、結果的に幸せがやってくる。

一般的に、テイカーは蔑《さげす》まれる存在といえるでしょう。短期的には、そんなテイカーにギバーは搾取《さくしゅ》されがちです。でも、中期的にはバランスのいいマッチャーの効率がよく、長期的にはギバーがもっとも成果を高めていきます。

なぜなら、惜しみなく与える行動によって強い信頼関係が醸成され、豊かな人的、技術的なネットワークを少しずつ、緩やかに形成していくからです。

ただし、ここで、テイカーよりも成果を上げられない存在があります。それが、先に書いた自己犠牲型のギバーです。要は、搾取され続ける人で、僕はこれこそ「個」が確立されないまま、与える側ばかりに回ってしまうからだと見ています。

なんのために自分の価値を与えているのかを、自分のなかで言語化できていないため、残念ながらテイカーに搾取され続けてしまう。自己犠牲という甘美な幸福感に浸ることはあるのかもしれませんが……。

もちろん、この3分類は、人間を明確に分けるものではありません。状況によって、人はギバーにもなれば、テイカーにもなるし、マッチャーとして振る舞う場合もあるはずです。

ただ、僕の経験からいえるのは、**「個」を確立したうえで、躊躇《ちゅうちょ》なく他者に「与える」機会が増えていけば、自分ばかりが損をすることは決してない**ということ。「Being（ありたい自分）」に正直に、他者を幸せにしたいと思って情報発信する人に、人は引き寄せられるのです。

そして、コミュニティーにおいて他者と「Collaborate（協働）」するときにも、そんな姿勢を持つ人は、多くの具体的な助けを得られるのだと実感しています。

■いまを生きる自分の「点」をつなげていく

かつては、なにかを「与える」行為というのは、お金やモノや土地といった物理的なリソースを指していました。それらをたくさん持つ人が、他者により多くを与えることができました。

でも、これからのギバーには、「個」の内側にあるスキルや、人として持つエネルギーが重視される。つまり、「個」として有するスキルやエネルギーを広く共有していくことが、世の中の大きな流れになります。

人はデコボコしている。そんなデコボコを埋め合わせ合うことが、コミュニティーを起動させる力であり、新しいなにかを生み出す原動力になる。

「個」のスキルやエネルギーが緩やかにつながって、状況や変化に応じてかたちを変えていければ、あらゆるフェーズで柔軟性を発揮しながら、価値を生み出すことができるのでしょう。

ここで、スキルという言葉で勘違いされがちなのが、資格のようなわかりやすく定義されたものに依存し過ぎることです。資格というものは単なる証明書であって、実はスキルではありません。資格を持っていてもスキルがない状態は、決して珍しくないのです。運転免許証を持っている人は運転の仕方を知っているだけであって、みんな運転スキルが高いわけではありませんよね？

もうひとつ、汎用性《はんようせい》のないスキルも武器になりにくいでしょう。この典型が、特定の組織のなかで評価されるスキルです。

たとえば、「あの人はコミュニケーション力が高いよね」と評価される人がいても、実際は、ある会社のなかで空気を読んで生き延びるのに長けているだけかもしれません。その場所では重要なスキルかもしれないけれど、会社がなくなった途端に意味のないスキルになりかねない。そんな汎用性のないスキルが、多くの日本企業で長らく重宝されてきた事実があります。

そこで、「自分にはどんなスキルがあるのだろう?」と考えていくとき、まずはシンプルにとらえてみてください。端的に、いま自分の好きなことや夢中になれることを挙げてみるのです。

そして、繰り返しになりますが、「なぜこれが好きなんだろう?」「どの部分に惹かれるのだろう?」と、できる限り具体的に深掘りしていく時間を取る。すると、のちに自分のなかのいろいろな「点」同士が、だんだんつながっていく体験が生まれます。

この「点(Dots)」というのは、いまこの瞬間に自分が夢中になっている感情や体験のことです。あのスティーブ・ジョブズも、有名なスタンフォード大学卒業式辞で、この自分のなかに潜む「点」について述べています。

「振り返ってつなぐこと（Connecting the dots）しかできない。だから将来なんらかのかたちで点がつながると信じることだ。なにかを信じ続けることだ」

まずはいまに集中する。そして、のちにつながる自分だけの「点」を、自分に対して思いきり言語化すればいい。外部に発信するときは少し格好つけて伝えるのもいいけれど、少なくとも自分ひとりのときは、ものすごく生々しく表現したほうがいいわけです。

ときに真面目な人は、「自分はなにが求められているのだろう？」と、どんどん細分化して、複雑に考え過ぎてしまう場合があります。でも、そこは大雑把《おおざっぱ》で構いません。

なにも脳内にあるすべてを外にさらけ出す必要はないので、自分のありのままに、自分が与えたいスキルや価値を見つめてみてください。

スキルを多面的に展開すれば仕事は生み出せる

スキルに関してもうひとつ大切なのは、それらを多面的に展開することです。なにか普遍的なスキルを持っているなら、そのスキルを自分が接点を持ち得るコミュニティーに対して、幅広く展開していく。すると、活躍の場がどんどん広がっていくような状態になります。

ニーズがある場所すべてに、潜在的に仕事がある状態になる。

もし、自分のスキルに対してニーズがある場所を複数知っていれば、自分が属する会社が傾いても、ほとんど心配はいりません。ただし、リスクヘッジできることは、コミュニティーのいい点のひとつに過ぎません。なにより大切なのはこれです。

「個」としての自分を、最大限に自己表現しやすくなること。

みなさんにはぜひ、既存の組織だけにとどまらず、多様な場所で自分のスキルを発揮してほしいと思います。

たとえば、コロナショック以降、飲食業が厳しい状態に置かれていますが、店舗を構えるという固定観念から、自分を大きく解放してみるのもありでしょう。料理のスキルがあって仕入れのルートもあるなら、フードトラックもひとつの答えになる。ニーズがある場所（コミュニティー）へ移動して料理を提供できるので、これも多面的な展開によって仕事を生み出すことになるわけです。

しかも、いまはインターネットで情報発信ができるため、積極的に発信すれば、反応した同士がつながり合うこともどんどんできる状態です。**「個」としての興味関心を発信すれば、それを受け入れてくれるコミュニティーが無尽蔵《むじんぞう》にある**といってもいい状態なのです。

自分のスキルを発揮する場所を、いちど既存の概念を取り払った状態でデザインし直してみる。そのための手段やサービスは世の中にたくさんあるので、ぜひ積極的に活用してみましょう。

自分を解放するための基盤はすべて揃っている。

自己表現の受け皿がかなり広がっている事実を、多くの人にもっと強く意識してほしいと思います。

最上級の「ありがとう」を伝えるスキル

「自分には、いまのところたいしたスキルはないかもしれない……」

そう悩む人もいるかも知れませんが、「自分には（いまのところ）スキルがない」ことを知っておくのも大切なことです。ここまで繰り返し、「助けを求める力」の大切さについて書いてきましたが、自分にないものを知っているから、具体的なかたちでサポートしてもらえるのです。

人に助けを求めるのは、アウトプットをした証拠です。

「わたしはこれができません」「これが苦手なので助けてください」と助けを求め、自己開示をする人のもとに、人は次々と集まってきます。

「わたしはなんでもできる」というふうに振る舞ってしまうと、できないことが現れたときに致命傷になる可能性がある。また、そんな人はちょっと近寄りがたいし、誰も助けてくれないことにもなりかねません。

自分がちょっと弱っていたり、困っていたりすることを開示するのはおおいにけっこうだし、少しネガティブな感情も安心して出せるのがコミュニティーのいいところ。

逆に、自分が苦手なことをいえないような場所は、あなたがいていいコミュニティーではないのかもしれない。どうしても真面目な人ほどひとりでがんばってしまう傾向があり、これには苦手なところを伸ばして、全体平均をよくしようとする教育をずっと受けてきたことも大きく影響していると見ています。

でも、いまはそういう時代ではありません。そんなことをやっている暇もないでしょう。

苦手なことにいつまでも苦しむのではなく、使えるものは片っ端から使って、人生を自ら楽しめる状態に変えていく。

まったくもって、才能や能力がトップクラスでなくてもいいのです。極端なたとえをすると、難破船で無人島に漂着したときに、料理をする人に誰がミシュランの星つきレストランの能力を求めるでしょうか？　材料の切り方や調理方法をある程度知っていれば、それで事足りますよね。

要するに、そのコミュニティーのなかで、「詳しい人」がやればいいだけのこと。それなら、「わたしがやるよ」といった時点で自分の能力を存分に発揮できるし、「先週やったから、次はあなたがやって」と、持ち回りにするのもいいでしょう。

すると、むしろほかの人に上手にお願いをして、気持ちよくやってもらうスキルを磨くほうが建設的です。

最上級の「ありがとう」を伝えるスキルを磨けばいい。

この最上級の「ありがとう」をいえることこそが、実は超汎用的なスキルです。もっとも効果的かつコストパフォーマンスに優れた、絶対に身につけたいスキルだと僕は考えています。

真面目にがんばれるのはもちろん素敵なキャラクターだし素晴らしいことだけど、それで疲れきってしまったら意味がありません。時間ばかりかかってしまうのも、あまりにもったいない。自分のやりたい気持ちや、情熱が満たされないものは、ほかの人にお願いしたほうがいいでしょう。

なぜなら、**あなたが苦手なことが、ほかの人も苦手で嫌いだとはまったく限らない**からです。世界は広いのです。むしろ、それらにモチベーション高く取り組める人たちが、世の中にはたくさんいます。お互いに頼り合う姿勢が必要なのです。

だからこそ、他人の力をうまく借りるのが、これから求められる重要なスキルだと書いてきました。コミュニティーをうまく活用し運用するためには、自分で抱えこむのではなく、どんどんほかの人たちにアウトソーシングしていく。

そのほうが効率的だし、相互作用によってイノベーションへとつながる可能性も高まるでしょう。

■他人の失敗に「寛容」である基本姿勢

他者と「Collaborate（協働）」するときに、便利なのが普遍的なスキルだと書きました。ただし、仮にスキルが発揮されても、失敗が起こるリスクは避けられません。それぞれが得意なものを持ち寄ったとしても、失敗のリスクは常に存在します。

そこで、コミュニティーをうまく機能させるためには、ある程度の失敗を前提にしておくことが必要です。メンバーそれぞれが、他人の失敗に対して「寛容」であることが求められるのです。

正直なところ、みんなが失敗に対して「寛容」であると、誰もが「失敗しても別に大丈夫かな」と思うようになり、全体的には失敗のリスクは上がります。でも、その反面、別の貴重な機会も得ることができます。

早めに失敗して学ぶ機会を得ることができる。

失敗が許容され、寛容的に受け止められる環境があれば、心理的安全性が担保されたなかでチャレンジすることができます。そして、チャレンジする人が増えると、結果としてイノベーションが起こりやすくなります。

そもそもチャレンジができる土壌がないのに、イノベーションだけを起こせといわれても参加者はフルスイングできません。たとえば、よく企業内イノベーションを起こすために、新規事業創出部のような部署をつくる会社がたくさんあります。「ゼロベースでアイデアをつくり出す」と銘打った部署ができ、僕はそんなプロジェクトをサポートするプログラムでメンターを務める機会が、これまで何度もありました。

でも、いざ出てくるアイデアを見てみると、ゼロベースで事業創出を考える人はそこにはほぼいません。ほとんどの人は、既存の業務をよくするための業務改善のアイデアを出してきます。

そこで僕は、「これってわざわざ部署を立ち上げてやらなくてもいいのでは?」と上層部の人に聞いたところ、「いまの事業にプラスになるアイデアがほしい」「現在の事業の流れも踏まえずにゼロベースで考えて、会社になんの得があるのでしょう」などといわれたこともありました。

つまり、新規事業創出の旗を振る人たちが、実際に新規事業を立ち上げようとする人たちに対して、「業務改善せよ」と平気でいっているわけです。すると、その部署の人たちは当然、「失敗したらひどいことになるかもしれないぞ……」とビビってしまう。結果、上層部が求めるような答えを出しはじめて、どんどん内向き体質になってしまうのです。

たしかに、業務改善も部分的にはイノベーティブかもしれない。でも、ゼロベースではじめようとわざわざ部署を立ち上げた価値があるかといえば、極めて疑問です。

なぜこんなことが起きるのか？

僕は、これこそまさに、「寛容」という基本姿勢が組織のなかに根づいていないからだと考えています。

せっかくイノベーションを起こすための部署を立ち上げたのに、社内に失敗を許容するようなマインドセットが共有されていないため、結局は業務改善にばかり取り組んでしまう。「寛容」の輪がとても小さな環境で仕事をしているので、失敗を恐れるようになり、結果としてイノベーションが起きづらい状態を生み出しているのです。

メンバーがそれぞれのスキルを活かし、お互い補完し合いながら、まったく新しい仕事や事業を起こしていく。そんな可能性の芽を最初から摘んでしまっている場合が、残念ながらかなり多いようです。

他人に「寛容」になれる簡単なログセ

「寛容性が大事なのはわかった。でも、寛容性を身につけたり、人に求めたりするにはどうすればいいの？」

そんな人もいると思います。たしかに、「相手と自分の価値観はちがうことを認識し、相手の価値観を尊重しましょう」などといわれても、頭ではわかっていても、実際のところどうすればいいのか、腑《ふ》に落ちにくいところがあります。

そこで、シンプルにいい結果を生み出していくために、具体的なアクションを心がけてください。

たとえば、なにかに挑戦をしようとする人がいたら、ひとこと目の反応を必ずこういうと決めるのです。

「それ、面白いですね！」

ひとこと目に必ずそういうようにするのです。別に相手を100％受け入れることではないので、そういったあとに激しい議論を交わしても構いません。でも、まずは受け入れてください。

挑戦している人を見たら、無条件で応援するマインドセットを持つのもいいでしょう。成功確率などはとりあえず脇において、「すごい！　そこにチャレンジするんだ。素晴らしいね！」と、なんでも褒めてあげる。

その人を全面的に支援する必要はないし、最初は本気でそう思えなくても構いません。実際にスタートアップ界隈では、思わず「え、それ本気でいってるの？」というような、ユニークかつ斬新過ぎるアイデアに本気で賭けている人たちがたくさんいます。

そんな挑戦をしようとしている人に対して、「そんなにうまくいかないよ」「本当に大丈夫なの？」などと、ひとこと目にいわないようにする。

「すごいね！　がんばってね」と、まずはひとこと目にいうクセをつける。

僕は、みんながそうするだけでも、世の中はかなり面白く変わっていくんじゃないかと本気で思っています。

挑戦するのはその人のリスク。よほど危ない場合は別としても、それをいちいち止めずに、とりあえず応援する。応援の仕方に迷うときもあるかもしれませんが、「なにか困ったことがあったらいってね」と、フラットに接しさえすればいいのです。

そして、いざ助けを求められたときは、自分のスキルやリソースが足りなかったら正直に「無理」といえばいいし、「ほかの人を紹介してあげるね」というのでも一向に構いません。

繰り返しになりますが、**「寛容」というのは、相手のすべてを受容することではありません。**ひとこと目に不平不満やネガティブな意見をいいがちだった自分から、いわなくする程度の変化でもいいのです。

言葉は人をつくるので、これを続けていると、自らの性格もポジティブに変わっていくはずです。

しかも、あなたには、「ひとこと目に否定的なことをいわない人」という素敵なタグがつきます。これもまた、あなたにとって大きな価値となるはずです。

■「個」として社会に貢献する

有機的なエコシステムであるコミュニティーにおいて、「個」同士がつながり合うと、そこで行われるすべての営みは、自ずと社会への貢献につながっていきます。

というよりも、原則的に、すべてのビジネスは社会貢献なのです。ビジネスというのは、人類の誰かを幸せにするためにこの世に存在していると僕は考えています。

でも、毎日を漫然と働いていたり、いわれるがまま会社でCSR活動と呼ばれる仕事に従事したりしていても、実際に社会に貢献している感触を持てないときもあるでしょう。なぜなら、心のどこかに、誰かが決めたことを、ただ「やらされている」という感覚があるからです。

逆に、「個」として、社会に対し積極的に貢献していると、自分の人生をぐっと握っている感覚、すなわち「グリップ感」を味わえます。

自分の人生の「コア」に触れ、自分の手で人生の舵を握っている感覚。

自分から社会に対して直接働きかけると、いまを生きている感覚をがっちりとつかむことができます。

そのグリップ感を持てれば、たとえ外部的になにかを成せなくても、もっとも幸せな生き方になるはずです。なぜなら、それは「他人の単位」を超越した生き方だからです。

人は生きているあいだに、知らないうちに外からいろいろな鎧《よろい》をつけられています。学歴、社歴、資格、称号……。そして、それが「自分自身」だと思い込まされていますが、実際は本当の自分とはかけ離れていることがおおいにあり得ます。

もし、この「いまを生きている感覚」を自分でグリップできれば、あなたにとっての最強の「個人力」になるかもしれません。

それが、幸せに生きているということだから。

どんなことでもいいので、まずは自分から動いてみましょう。気になる活動があれば、少し手伝ってみるだけでいいのです。まずは、自分になにかできないかを考えるだけでいいのです。

よく起業を志す人や、就活中の学生たちのなかに、「好きな仕事で社会に貢献しなければならない」と、力む人が多いのですが、そんな「ねばならない」思考におちいる必要はまったくありません。

そうではなく、「自分はこういうふうになりたい」という思いが少しでもあるなら、心に正直に行動するだけでいい。それを続けることで、自ずと「個」としての社会貢献につながっていくし、少しずついまを生きている感覚を味わえるのだと思います。

場合によっては、それらの活動が大きなビジネスに化ける場合もあります。あるいは、ビジネスにする人たちを直接サポートできる機会が訪れるかもしれません。でも、それはあくまで二次的な話。それを目的にする必要はまったくありません。

自分はやりたいと思っているのに、他人の目が気になってブレーキをかけてしまう人もいます。

「急に変わったら変に見られる」

「誰にも相手にされないかもしれない」

そんな感情を、行動しない言い訳にしてしまうわけです。

でも、実はそれはすべて自分自身の課題です。なぜなら、「他人はこう思うのではないか」と感じるのは、実際には、「他人はこう思っているはずだ」と自分で断じていることの裏返しの可能性があるからです。

つまり、他者を客観的に認識しているつもりでいて、実際には、ただの自分の主観に過ぎない可能性があります。

多かれ少なかれ、人は誰しもそんな性質を持っています。だから、そんなことで不安にならずに、その感情をそのまま受け入れてしまいましょう。そのうえで、先に書いた「挑戦している人がいたら、ひとこと目に応援の言葉を発する」というエクササイズをする。

自分に嘘はつけません。少なくとも、実際に相手にポジティブな言葉を発している限り、相手を邪魔するなんてことはむずかしいでしょう。

そして、そうやって相手を応援し続けていれば、あるときふと、「もしかして自分にも応援してくれる人がどこかにいるんじゃないかな?」と思えるようになっていくのです。

そうしたらしめたもので、あとは「自分もやってみようかな」と変わっていくことができるはずです。たとえ、「なんでそんなことしているの?」「それって意味あるの?」という人が現れたとしても、他人の目線や不安に耐えられる力がついていきます。

応援してくれている人が、きっとどこかにいるにちがいない。

そう思えて、いつも「Being（ありたい自分）」に向かって進んでいけるのです。

大きな主語でなく、「あなたは」どう思っているのか

僕はよく、なにかの相談を持ちかけてくれたり、困難にぶつかっていると自己開示してくれたりした人に対して「あなたはどう思っているのですか?」とたずねます。

なぜなら、第1章でも書きましたが、実に多くの人が、なにか新しいことを考えたり、取り組んだりするときに、「大きな主語」で話しているからです。

「うちの会社では、ちょっとむずかしいんです」
「田舎では、それは受け入れられません」
「うちの地域では、そんなことは絶対に嫌われますよ」

そんな「大きな主語」を使っているときは、たいてい「大きな主語」のなかに自分が組み込まれてしまっています。そこで、相手がそういったとき、僕はすかさず「あなたはどう思っているのですか?」と聞き返すようにしています。すると、おかしなことに、「わたしはそうは思っていないのだけど……」と返す人もまた多い。これまで、何度もそんな場面に出くわしました。

でも、「わたしはそうは思っていない」のなら、いますぐ自分が思っていることを行動に移したほうがいいと僕は考えています。

「うちでは〜」という主語は、「あなたは〜」のことなのです。

あなたがそう思っている。

「個」の責任をどこかで逃れるような言葉や思考こそが、あなたが行動するのをもっとも邪魔しています。


「現実はそんな単純なものじゃない」

「実際問題としてできるわけがないじゃないか」

そんな人もいるかもしれない。でも、いずれにせよ世の中には新しいエコシステムが存在しているし、そのエコシステムをもっと開放して、そこから生まれてくるアイデアや化学変化をどんどん受け入れていく考え方のほうが、これからの時代はより重要になるでしょう。

まわりをあまり見過ぎる必要はありません。

「まわりのほうが正しいんじゃないか」と疑心暗鬼になってばかりいたら、自分をいつまでも見失ったまま、まったく幸せにはなれないのだから。

■自分にバカ正直に生きる

今回のコロナショックによって、多くの人が生活や仕事に対して、大きな不安や困難を抱えました。生活でいえば、家族やパートナーなど最小単位でかなり長い時間を過ごす必要がありました。仕事なら、これまでと同じ方法では利益を出すのがむずかしくなった人も多かったはずです。

いずれも共通するのは、「同じ空間や時間」を共有してなんとなくやっていたこと（仕事など）や、逆に、共有しないでもなんとなく続けられていたこと（家族との生活など）に制約がかかったことです。

それによって、実際に「できない」という状況になって無力感にとらわれてしまった人がたくさん現れました。少なくとも、多くの人が、「自分にとって家族とはなんだろう?」「仕事としていったいなにをしていたのだろう?」という疑問や不安を、あらためて感じたのだと思います。

でも、過去と同じ延長線上にある未来は、おそらくもう存在しません。過去についていくら考えたところで変わりようがないし、悔しい思いをしたり、ネガティブな出来事に襲われたりした人がいるのは重々承知ですが、それでもやはり過去は変わりません。いまさら政策を非難しても意味がないし、自粛警察のように他人を取り締まっても誰も幸せにはなりません。

だから、**僕たちはいまこそ、自分たちの手で未来をデザインするマインドセットを持つ必要がある**のです。

いまの状況をちがう角度から見れば、**これからはじまる未来は、自らがデザインできる自由度が相当高い**ととらえることもできます。なにしろ全世界いっせいに既存の価値観が壊れたわけですから。

ある意味では、自分を「Transform（変化）」させる絶好の機会が訪れたのだと受け止めてほしい。「Being（ありたい自分）」を徹底的に、わがままに実現していくことを考えてほしい。

「Being（ありたい自分）」で思いきり生きることが許されている、そんな世の中。

第3章

「個」として協働する
――コミュニティー化が世界を救う――

Collaborate

僕はよく、自分にバカ正直に仕事をするのがいちばん幸せだという話をします。

誰かが決めたことをバカ正直にやる人は多いのですが、これでは気づかないうちに他人の人生を生きている状態になってしまいます。

そうではなく、自分にバカ正直に、自分がやりたいと思っている仕事をやっていく。すると、やがて自分の人生の「本質」に触れることができます。

それは抽象的な体験ではなく、自分の体で感じることができるような、実にリアルな感覚です。たとえどんなことが起こったとしても、「自分は生きていける」と確信できる、強くまっすぐな感覚を得ることができます。

そんな感覚を持った「個」が、ほかの「個」と支え合い、補い合いながら働き、生きていく――。これこそが、いまの時代、これからの時代に求められている姿ではないでしょうか。

そのためには、いろいろな価値観を持つ人が集まるコミュニティーのなかで、自分だけの旗を立てて人を集めていく。あるいは、多様な人たちが集まる場所へ入っていくだけでも構いません。ユニークで面白そうなコミュニティーにどんどん参加し、参加したら勇気を出して、少しずつ自分を発信していきましょう。

化学変化を楽しもう。
それをいくつもの場所で行おう。

そうしていると、人生というのはどんどん楽しく、豊かになっていきます。これが、本書で僕からみなさんへ伝えたい提案です。

既存の枠組みのなかで評価されてきた指標や基準が、いま次々と色褪《いろあ》せています。いい大学を出ているとか、いい会社に勤めているとか、それはそれで多様な価値観のひとつとして残っても構いませんが、それらに依存して幸せになれる時代は完全に終わりました。

いま活躍している人たちのなかには、もちろん優れた学歴やキャリアを有する人がたくさんいます。でも、ものすごく活躍しているのに、そんな履歴をまったく持たない人たちもたくさんいることも事実なのです。

本当に活躍している人は、そんな「他人の単位」をまったく気にしない。

世の中の価値観はすでに大きく変わっています。そのように考えて、ありたい自分にバカ正直に生きてみませんか？

そうすればきっと未来は開けていくし、また、そう強く信じて生きていくことが大切だと僕は思います。

それこそが、あなたがいま身につけるべき、最強の「個人力」なのでしょう。

EPILOGUE

いまこそ「行動」するとき

僕は前著（『あたりまえを疑え。自己実現できる働き方のヒント』セブン＆アイ出版）の冒頭で、「常識に縛られたら、思考は停止する」と書きました。日本経済が長きにわたる低迷を続けるなか、それまで「あたりまえ」とされてきた常識が大きく揺らいでいたにもかかわらず、多くの人や企業が、その常識にしがみつき変化できないことに強い危機感を感じていたからです。

ただ同時に、複業やリモートワークなどで活躍する人が増え、日本でもようやく「働き方」が変わりはじめる気配もあり、数年のうちに、「働き方」の常識が根本から覆《くつがえ》る日がやってくるのではないかと直観していました。

しかし、まさかその約2年後に、パンデミックというかたちで、世界同時にこれまでの「あたりまえ」が見る影もなく崩れ去るとは思いもよりませんでした。

もちろん、パンデミックの可能性については、以前より多くの識者が警告を発しており、僕も認識はしていましたが、巨大な災厄は突然やってくるということをまざまざと感じさせられました。

現代は「個」の時代とよくいわれます。しかし、コロナショック以前に語られていた「個」というものは、それまでなんとか保っていた価値観を前提にして考えられていた面があります。でも、その土台自体が不安定になったいま、人はいったいなにをよりどころにして、自分の人生を生きていけばいいのでしょうか?

このことを僕なりに突き詰めて考えたのが、本書のテーマである「個人力」です。

端的にいうと、僕は「個人力」とは、「ありたい自分」のまま、人生を楽しんで生きていく力だと定義しています。

なんだ、実に「あたりまえ」のことじゃないかと思うかもしれませんが、実はこれがなかなか簡単にできることではないとも感じませんか? あなたはいかなるとき、いかなる場所でも、常に「ありたい自分」でいられていますか? 四六時中とはいわないまでも、どんなときでも人生に満足して、心の底から楽しんで生きているでしょうか？

もちろん、僕自身も道半ばです。毎日「本当に僕はこれをやりたいの？」と、その都度意識して、考えながら日々を生きています。

本書では、そんな僕なりの「個」としてのあり方や、「ありたい自分」に近づくための具体的な手がかりをたっぷりと盛り込んだつもりです。

本書を読まれたみなさんなら、あとはもう「行動」するだけです。大きく動けば、大きく人生が変わります。まずは、ほんの少しの行動でいいではありませんか。ほんの少しだけでも動けば、ほんの少しだけ自分が変わり、ほんの少しだけまわりの環境に影響を与え、ほんの少しだけ人生が変わります。

そんな「ほんの少しの行動」をずっと続けていくと、やがてある日、大きく人生を変化させている自分に気づくはずです。

そして、みなさんのことを見た人たちが、また新しい刺激を受けて「ありたい自分」を探していく。そんな「個」同士のつながりがエコシステムとなって、やがて社会を大きく変えていくのだと、僕は希望を持っています。

ぜひ勇気を出して、自分に正直に行動し続けてください。いまを生きてください。ぜひ挑戦に踏み出す人を、応援し続けてください。

これからも不安定な世の中が続くのかもしれませんが、きっと大丈夫。

みなさんのなかには、自分を根底から支えてくれる揺るぎない「個人力」が、すでに備わっているのだから。

2020年8月

澤《さわ》　円《まどか》

澤 円 （さわ・まどか）

株式会社圓窓代表取締役。1969年生まれ、千葉県出身。立教大学経済学部卒業後、生命保険会社のIT子会社を経て、1997年にマイクロソフト（現・日本マイクロソフト）に入社。情報共有系コンサルタント、プリセールスSE、競合対策専門営業チームマネージャー、クラウドプラットフォーム営業本部長などを歴任し、2011年、マイクロソフトテクノロジーセンター・センター長に就任。2006年には、世界中のマイクロソフト社員のなかで卓越した社員にのみ授与される、ビル・ゲイツの名を冠した賞を受賞した。現在は、年間300回近くのプレゼンをこなすスペシャリストとしても知られる。ボイスメディア「Voicy」で配信する「澤円の深夜の福音ラジオ」も人気。著書には、『外資系エリートのシンプルな伝え方』（KADOKAWA）、『マイクロソフト伝説マネジャーの世界No.1 プレゼン術』（ダイヤモンド社）、伊藤羊一氏との共著『未来を創るプレゼン 最高の「表現力」と「伝え方」』（プレジデント社）などがある。

個人力

やりたいことにわがままになる
ニューノーマルの働き方

2020年8月7日　第1刷発行

著者	澤 円
発行者	長坂嘉昭
発行所	株式会社プレジデント社
	〒102-8641
	東京都千代田区平河町 2-16-1 平河町森タワー13階
	https://www.president.co.jp
電話	03-3237-3731（編集・販売）
装丁・本文デザイン	木村友彦
写真	榎本壯三
企画・構成	岩川 悟（合同会社スリップストリーム）
編集協力	辻本圭介
販売	桂木栄一　高橋 徹　川井田美景　森田 巌　末吉秀樹
編集	柳澤勇人
制作	関 結香
印刷・製本	中央精版印刷株式会社

ISBN978-4-8334-4027-1
Printed in Japan